HANDBUCH VOM
GEGLÜCKTEN LEBEN

Epiktet

HANDBUCH VOM GEGLÜCKTEN LEBEN

AuraBooks

– Bibliografische Information der Deutschen Nationalbibliothek –
Die Deutsche Nationalbibliothek verzeichnet diese Publikation in
der Deutschen Nationalbibliografie; detaillierte bibliografische Daten
sind im Internet über http://dnb.d-nb.de abrufbar.

IMPRESSUM

ISBN: 978-3754341711
EPIKTET: HANDBUCH VOM GEGLÜCKTEN LEBEN (ENCHEIRIDION)
In manchen Übersetzungen auch: ›Handbuch des moralischen Lebens‹
oder ›Handbüchlein der stoischen Moral‹
Originalausgabe | © 2021/2018 *AuraBooks*
Übersetzung I, ab Seite 9, aus dem Griechischen: Carl Hilty
Übersetzung II, ab Seite 34, aus dem Griechischen: Carl Philipp Conz
Lektorat und Umschlaggestaltung: *textkompetenz.net*
Gesetzt aus der Garamond
Herausgeber: *AuraBooks* | eclassica@aurabooks.de
Herstellung und Verlag: BoD – Books on Demand, Norderstedt
Dieses Buch gibt es auch als eBook, z. B. im amazon Kindle Bookstore

INHALT

Zweiter Teil (Übersetzung von Carl Philipp Conz)

Vorbemerkung

EPIKTETS ›HANDBUCH DES GEGLÜCKTEN LEBENS‹[1] ist ein Klassiker der Philosophie, der seit 2000 Jahren immer wieder weitergegeben, nachgedruckt, rezensiert und kommentiert wird. Als Vertreter der philosophischen Schule der Stoa[2] propagiert Epiktet ein asketisches und bescheidenes Leben und den inneren Zusammenhang aller Dinge. Seine Philosophie ist wirklichkeitsnah und verzichtet meist auf tiefgründigen philosophischen Unterbau. Sicher ein Grund dafür, warum dieses Handbuch so überaus populär wurde und sowohl in der Spätantike, in der Renaissance, als auch in der Neuzeit immer wieder als Referenz zur Hand genommen wird. Im Zentrum von Epiktets Überlegungen stehen die innere Freiheit und die moralische Autonomie eines jeden Menschen.

Der auf dem Gebiet der heutigen Türkei geborene Sklave Epiktet (ca. 50-138 n. Chr.), erlangte in Rom durch Gönner, die seine intellektuellen Fähigkeiten erkannten, die Bürgerrechte. Später gründete er seine eigene Philosophenschule in Nikopolis, einer Stadt im nördlichen Griechenland. Die Schüler dort waren oft Sprösslinge wohlhabender und adeliger Familien. Auch der heute bekannteste Stoiker[3] Marc Aurel[4] berief sich rund 50 Jahre später in seiner Schrift ›Selbstbetrachtungen‹ auf Epiktet. Seit seiner Jugend kannte auch Goethe das ›Handbuch des geglückten Lebens‹ und bezog sich mehrfach auf den Philosophen.

Dieses eBook enthält zum kompletteren Verständnis zwei unterschiedliche, anerkannte Übersetzungen ins Deutsche. | © *Redaktion AuraBooks, 2021*

---

[1] *In anderen Übersetzungen auch: ›Handbuch des moralischen Lebens‹, ›Handbüchlein der Moral‹ oder ›Handbüchlein der stoischen Moral‹*

[2] *Stoa: Als Stoa (Στοά) wird eine der wirkmächtigsten Philosophie-Schulen in der abendländischen Geschichte bezeichnet. Der Name geht auf eine Säulenhalle (Stoa) auf der Agora, dem Marktplatz von Athen, zurück, in der Zenon von Kition um 300 v. Chr. seine Lehrtätigkeit aufnahm und die Schule der Stoa begründete. Ein besonderes Merkmal der stoischen Philosophie ist die kosmologische, auf Ganzheitlichkeit der Welterfassung gerichtete Betrachtungsweise, aus der sich ein in allen Naturerscheinungen und natürlichen Zusammenhängen waltendes universelles Prinzip ergibt.*

[3] *Stoiker: Anhänger der philosophischen Lehre der Stoa*

[4] *Marc Aurel (121-180 n. Chr.): Von 161 bis 180 n. Chr. römischer Kaiser und als Philosoph der letzte bedeutende Vertreter der Stoa*

Erster Teil
(Übersetzung von Carl Hilty)
Worüber wir gebieten und worüber wir nicht gebieten

(I.) Über das eine gebieten wir, über das andere nicht. Wir gebieten über unser Begreifen, unseren Antrieb zum Handeln, unser Begehren und Meiden, und, mit einem Wort, über alles, was von uns ausgeht; nicht gebieten wir über unseren Körper, unsern Besitz, unser Ansehen, unsere Machtstellung, und mit einem Wort, über alles, was nicht von uns ausgeht.

Worüber wir gebieten, ist von Natur aus frei, kann nicht gehindert oder gehemmt werden; worüber wir aber nicht gebieten, ist kraftlos, abhängig, kann gehindert werden und steht unter fremden Einfluss. Denk also daran: Wenn Du das von Natur aus Abhängige für frei hältst und das Fremde für dein eigen, so wird man deine Pläne durchkreuzen und du wirst klagen, die Fassung verlieren und mit Gott und der Welt hadern; hältst du aber nur das für dein Eigentum, was wirklich dir gehört, das Fremde hingegen, wie es tatsächlich ist, für fremd, dann wird niemand je dich nötigen, niemand dich hindern, du wirst niemanden schelten, niemandem die Schuld geben, nie etwas wider Willen tun, du wirst keinen Feind haben, niemand wird dir schaden, denn du kannst überhaupt keinen Schaden erleiden.

Wenn du nun nach so hohen Zielen strebst, denke daran, dass du nicht mit nur mäßigem Bemühen nach ihnen greifen darfst, nein, du musst auf manches ganz verzichten, manches vorläufig aufschieben.

Wenn du aber außerdem auch auf Macht und Reichtum aus bist, so wirst du vielleicht auch hierin scheitern, weil du zugleich nach jenem strebst; auf alle Fälle wirst du das verfehlen, woraus allein Freiheit und Glück hervorgehen. Bemühe dich daher, jedem ärgerlichen Eindruck sofort entgegenzuhalten: »Du bist nur ein Eindruck, und ganz und gar nicht das, was du zu sein scheinst.« Dann prüfe und begutachte den Eindruck nach den Regeln, die du kennst, vor allem nach der ersten Regel, ob der Eindruck zu tun hat mit den

Dingen, über die wir gebieten, und wenn er mit etwas zu tun hat, über das wir nicht gebieten, dann habe die Antwort zur Hand: »Es geht mich nichts an.«

Begehren und Meiden

(II.) Bedenke: Begehren verheißt die Erreichung des Begehrten, Meiden verheißt, nicht dem anheimzufallen, was gemieden wird, und wer mit seinem Begehren scheitert, ist unglücklich, und wer dem anheimfällt, was er meiden möchte, ist auch unglücklich. Wenn du also von den Dingen, die du meisterst, nur das meidest, was gegen die Natur ist, so wirst du dem gewiss nicht anheimfallen, was du meidest. Wenn du aber Krankheit, Tod oder Armut zu entgehen suchst, wirst du unglücklich sein. Zieh also deine Abneigung von allen Dingen zurück, die wir nicht meistern, und übertrage sie auf das, was gegen die Natur ist unter den Dingen, die wir meistern. Das Begehren aber gib vorläufig ganz auf. Denn wenn du etwas begehrst von dem, was wir nicht meistern, so wirst du notgedrungen unglücklich, und von den Dingen, die wir meistern, und die du begehren solltest, hast du noch keinen rechten Begriff. Beschränke dich auf das Wollen und Nichtwollen, doch nicht verbissen, sondern mit Vorbehalt und Gleichmut.

Bedenke das eigentliche Wesen der Dinge

(III.) Bei allem, was deine Seele verlockt oder dir einen Nutzen gewährt oder was du lieb hast, denke daran, dir immer wieder zu sagen, was es eigentlich ist. Fang dabei mit den unscheinbarsten Dingen an. Wenn du einen Krug liebst, so sage dir: »Es ist ein Krug, den ich liebe.« Dann wirst du nämlich nicht deine Fassung verlieren, wenn er zerbricht. Wenn du dein Kind oder deine Frau küsst, so sage dir: »Es ist ein Mensch, den du küsst.« Dann wirst du nämlich nicht die Fassung verlieren, wenn er stirbt.

Ärger meiden, Haltung bewahren

(IV.) Wenn du irgendetwas unternehmen willst, so mach dir klar, welcher Art das Unternehmen ist. Wenn du zum Beispiel zum Baden gehst, so stell dir vor, wie es in einer Badeanstalt zugeht, wie sie mit Wasser spritzen, einander anrempeln, beschimpfen und bestehlen. Und so wirst du dich mit größerer Sicherheit an dein Unternehmen machen, wenn du dir von vornherein sagst: »Ich will baden und zugleich meine sittlichen Grundsätze in Übereinstimmung mit der Natur bewahren.« Und so bei allem Tun. Denn wenn irgendetwas dein Baden beeinträchtigt, wirst du alsdann den Satz zur Hand haben: »Ich wollte ja nicht nur baden, sondern auch meine sittlichen Grundsätze in Übereinstimmung mit der Natur bewahren; ich werde sie aber nicht bewahren, wenn ich mich über solche Vorkommnisse aufrege.«

Die Dinge und die Meinungen darüber sind nicht dasselbe

(V.) Nicht die Dinge selbst beunruhigen die Menschen, sondern ihre Meinungen und Urteile über die Dinge. So ist zum Beispiel der Tod nichts Furchtbares – sonst hätte er auch dem Sokrates so erscheinen müssen –, sondern nur die Meinung, er sei etwas Furchtbares, das ist das Furchtbare. Wenn wir also auf Hindernisse stoßen, beunruhigt oder gekränkt werden, wollen wir die Schuld nie einem anderen, sondern nur uns selbst geben, das heißt unseren Meinungen und Urteilen.

Ein Ungebildeter verrät sich dadurch, dass er andern Vorwürfe macht, wenn es ihm schlecht geht; ein Anfänger in der philosophischen Bildung macht sich selbst Vorwürfe; der gründlich Gebildete schiebt die Schuld weder auf einen andern noch auf sich selbst.

Falscher und echter Stolz

(VI.) Sei auf keinen Vorzug stolz, der nicht dein eigener ist. Wenn ein Pferd in seinem Stolz sagen würde: »Ich bin schön«, so wäre das noch erträglich. Wenn du aber mit Stolz sagst: »Ich habe ein schönes Pferd«, dann wisse, dass du nur auf einen Vorzug eines Pferdes stolz bist. Was ist nun dein eigen? Der Gebrauch deiner Vorstellungen. Wenn du also beim Gebrauch deiner Vorstellungen dich in Übereinstimmung mit der Natur verhältst, dann sei stolz; denn dann wirst du auf einen Vorzug stolz sein, der wirklich dein eigen ist.

Der Ruf des Steuermanns

(VII.) Wenn auf einer Seefahrt das Schiff gelandet ist und du aussteigst, um frisches Wasser zu holen, dann magst du nebenher ein Schalentier auflesen oder eine Meerzwiebel, aber deine Aufmerksamkeit muss auf das Schiff gerichtet bleiben, und du musst es beständig im Auge behalten, ob nicht etwa der Steuermann ruft; und wenn er ruft, dann musst du all jene Dinge liegen lassen, damit du nicht gefesselt wie die Schafe in das Schiff geworfen wirst. So ist es auch im Leben: Wenn dir statt einer Meerzwiebel oder eines Schalentiers eine Frau und ein Kind gegeben sind, so wird dies kein Hindernis sein. Wenn der Steuermann ruft, so lass alles liegen, eile zum Schiff und dreh dich dabei nicht um. Bist du aber alt, so entferne dich niemals mehr weit vom Schiff, damit du nicht etwa ausbleibst, wenn er dich ruft.

Nicht mein Wille

(VIII.) Verlange nicht, dass das, was geschieht, so geschieht, wie du es wünschst, sondern wünsche, dass es so geschieht, wie es geschieht, und dein Leben wird heiter dahin strömen.

Kein Hindernis für dich

(IX.) Krankheit ist hinderlich für den Körper, für die sittlichen Grundsätze aber nicht, falls sie es selbst nicht wollen. Lähmung ist hinderlich für das Bein, für die sittlichen Grundsätze aber nicht. Sag dir das bei allem, was dir zustößt. Du wirst nämlich finden, dass es für irgend etwas anderes hinderlich ist, nicht aber für dich.

Gegenkräfte in dir

(X.) Bei allem, was dir widerfährt, denke daran, dich dir selbst zuzuwenden und zu untersuchen, welche Kraft du hast, dich mit ihm auseinanderzusetzen. Wenn du einen schönen Knaben oder ein schönes Mädchen erblickst, so wirst du als Gegenkraft Selbstbeherrschung in dir finden; mutet man dir eine schwere Strapaze zu, so wirst du Ausdauer, beleidigt man dich, Gleichmut finden. Wenn du dich daran gewöhnt hast, werden dich die Eindrücke und (falschen) Vorstellungen nicht mehr hinreißen.

Es gibt keinen Verlust

(XI.) Sag nie von einer Sache: »Ich habe sie verloren«, sondern: »Ich habe sie zurückgegeben.« Dein Kind ist gestorben? Es wurde zurückgegeben. Deine Frau ist gestorben? Sie wurde zurückgegeben. »Man hat mir mein Grundstück gestohlen.« Nun, auch das wurde zurückgegeben. »Aber es ist doch ein Schuft, der es mir gestohlen hat.« Was schert es dich, durch wen es der Geber von dir zurückforderte? Solange er es dir zur Verfügung stellt, behandle es als fremdes Eigentum wie die Reisenden ihre Herberge.

Gleichmut hat ihren Preis

(XII.) Wenn du moralische Fortschritte machen willst, gib Erwägungen wie die folgende auf: »Wenn ich mich nicht um meine Geschäfte kümmere, werde ich nichts zu essen haben.« Oder: »Wenn ich meinen Sklaven nicht züchtige, wird er ein Nichtsnutz.« Denn es ist besser, frei von Kummer und Angst Hungers zu sterben, als ständig innerlich aufgewühlt zu leben. Es ist besser, dass dein Sklave ein Taugenichts ist, als dass du selbst unglücklich bist. Fang also mit den unscheinbaren Dingen an: Wird ein bisschen Öl verschüttet, ein bisschen Wein gestohlen, so sage dir: »Das ist der Preis für Gleichmut, das ist der Preis für innere Ruhe.« Umsonst bekommt man nichts.

Wenn du deinen Sklaven rufst, bedenke, dass er dich vielleicht nicht hören kann, und wenn er dich gehört hat, dass er vielleicht gar nicht in der Lage ist, das zu tun, was du von ihm verlangst. Aber sein Einfluss ist nicht so groß, dass deine innere Ruhe von ihm abhängt.

Entweder — oder

(XIII.) Wenn du Fortschritte machen willst, so ertrage es, dass man dich in Hinsicht auf die äußeren Dinge für unverständig und närrisch hält, und wolle auch nicht den Anschein erwecken, etwas zu verstehen, und wenn du einigen als etwas Besonderes erscheinst, misstraue dir selbst. Wisse nämlich, dass es für dich nicht leicht ist, deine sittlichen Grundsätze in Übereinstimmung mit der Natur zu erhalten und zugleich die äußeren Dinge ernst zu nehmen, sondern wer sich um das eine kümmert, vernachlässigt zwangsläufig das andere.

Falsches und richtiges Wollen

(XIV.) Wenn du willst, dass deine Kinder, deine Frau und deine Freunde ewig leben, bist du ein Narr; wenn du willst, dass du über das, worüber du nicht gebietest, gebietest, und dass das, was dir nicht gehört, dir gehöre. Und wenn du willst, dass dein Sklave keinen Fehler mache, bist du ebenso töricht; denn du willst, dass das Laster kein Laster sei, sondern etwas anderes.

Wenn du aber den Willen hast, das Ziel deines Strebens nicht zu verfehlen, so steht das in deiner Macht. In dem also übe dich, was dir möglich ist.

Meister über einen jeden ist der, der die Macht hat, das, was der andere will oder nicht will, ihm zu gewähren oder ihn davon zu befreien.

Wer also frei sein will, soll weder etwas erstreben noch meiden von dem, worüber andere gebieten; sonst wird er zwangsläufig zum Sklaven.

Warte, bis du an die Reihe kommst

(XV.) Bedenke: Du musst dich (im Leben) wie bei einem Gastmahl benehmen. Es wird etwas herumgereicht, und du kommst an die Reihe. Strecke deine Hand aus und nimm bescheiden deine Portion. Es wird weitergereicht. Halte es nicht zurück. Es ist noch nicht bei dir angelangt. Richte nicht schon von weitem dein Verlangen darauf, sondern gedulde dich, bis die Reihe an dir ist.

So halte es auch mit dem Verlangen nach Kinder, nach einer Frau, nach Ämtern, nach Reichtum, und du wirst ein würdiger Tischgenosse der Götter sein.

Wenn du aber sogar von dem, was dir vorgesetzt wird, nicht nimmst, sondern es nicht beachtest, dann wirst du nicht nur ein Tischgenosse der Götter sein, sondern auch ihr Mit-Regent. So machen es Diogenes, Heraklit und ihresgleichen, und darum waren und hießen sie mit Recht göttlich.

Mitleiden, aber mit Vorbehalt

(XVI.) Wenn du jemanden in seiner Trauer weinen siehst, weil sein Kind außer Landes ist oder weil er sein Vermögen verloren hat, so gib acht, dass dich nicht die Vorstellung hinreißt, er sei aufgrund dieser äußeren Ereignisse wirklich im Unglück, sondern sogleich habe den Satz zur Hand: »Nicht das, was passiert ist, bedrückt diesen Mann (denn einen anderen bedrückt es ja auch nicht), sondern seine Meinung darüber.«

Soweit es nur auf Worte ankommt, zögere freilich nicht, ihm dein Mitgefühl zu bezeigen und, wenn es sich so ergibt, auch mit ihm zu klagen; nur gib acht, dass du nicht auch innerlich ergriffen klagst.

Das Leben, ein Schauspiel

(XVII.) Bedenke: Du bist Darsteller eines Stücks, dessen Charakter der Autor bestimmt, und zwar eines kurzen, wenn er es kurz, eines langen, wenn er es lang wünscht. Will er, dass du einen Bettler darstellst, so spiele auch diesen einfühlend; ein Gleiches gilt für einen Krüppel, einen Herrscher oder einen gewöhnlichen Menschen.

Deine Aufgabe ist es nur, die dir zugeteilte Rolle gut zu spielen; sie auszuwählen, steht einem andern zu.

Über Vorzeichen

(XVIII.) Wenn ein Rabe unheilverkündend krächzt, lass dich nicht von deiner Vorstellung hinreißen, sondern kläre sogleich dein Denken und sage dir: »Keines dieser Vorzeichen gilt mir, sondern nur meinem armseligen Körper, meinem dürftigen Besitz, meinem bisschen Ansehen, meinen Kindern oder meiner Frau. Für mich gibt es nur Glück verheißende Vorzeichen, wenn ich es will. Was auch immer davon eintreffen mag, von mir hängt es ab, ob ich Nutzen daraus ziehe.«

Der Weg zur Freiheit

(XIX.) Unbesiegbar kannst du sein, wenn du dich auf keinen Kampf einlässt, in dem der Sieg nicht von dir abhängt. Wenn du jemanden siehst, den man dir in der Ehre vorzieht, der großen

Einfluss hat oder sonst hohes Ansehen genießt, so lass dich nicht vom äußern Eindruck blenden und preise ihn nicht glücklich. Denn wenn das wahre Wesen des Guten zu dem gehört, worüber wir gebieten, dann ist weder Neid noch Eifersucht am Platz. Du selbst willst doch kein Prätor[5], Senator oder Konsul sein, sondern ein freier Mensch. Nur ein einziger Weg aber führt dahin: Alles zu verachten, worüber wir nicht gebieten.

Beleidigungen treffen dich nicht

(XX.) Bedenke: Nicht wer dich beschimpft oder dich schlägt, verletzt dich, sondern deine Meinung, dass diese Leute dich verletzten. Wenn dich also jemand reizt, so wisse, dass es deine eigene Vorstellung ist, die dich gereizt hat. Deshalb versuche vor allem, dich vom äußern Eindruck nicht hinreißen zu lassen. Hast du erst einmal Bedenkzeit gewonnen, wirst du dich leichter bemeistern.

Meditatio mortis[6]

(XXI.) Tod, Verbannung und alles andere, was furchtbar erscheint, halte dir täglich vor Augen, vor allem aber den Tod, und du wirst niemals schäbige Gedanken haben oder etwas maßlos begehren.

Trotze dem Spott

(XXII.) Ist dir das Streben nach Weisheit ein echtes Bedürfnis, so stelle dich von vornherein darauf ein, dass man dich auslachen wird und dass dich viele verhöhnen und sagen werden: »Der ist uns plötzlich als Philosoph heimgekommen«, und: »Wie kommt es, dass er die Brauen so hochzieht?«

Lass du nur das Stirnrunzeln. An dem aber, was dir als das Beste erscheint, halte so fest, als wärest du von Gott auf diesen Posten gestellt. Bedenke: Wenn du treu bei deinen Grundsätzen

---

[5] *Prätor: Die Praetur war eines der höheren Ämter der römischen Ämterlaufbahn. Die Amtsinhaber wurden praetores, Singular: praetor, genannt.*

[6] *Meditatio mortis: Der Begriff Meditatio mortis bezeichnet seit vielen Epochen eine schriftliche Zusammenfassung individueller Gedanken über den Tod.*

bleibst, dann werden dich alle, die dich vorher immer auslachten, nachher bewundern. Weichst du aber ihrem Druck, so wirst du doppelten Spott ernten.

Bleib deiner Maxime treu

(XXIII.) Wenn es dir einmal passiert, dass du dich der Außenwelt zuwendest, weil du jemanden für dich einnehmen willst, so wisse, dass du deine Lebensmaxime verraten hast. Darum sei damit zufrieden, immer und überall ein Philosoph zu *sein*; willst du überdies als solcher *gelten*, so betrachte dich selbst als solchen; das wird dir genügen.

Helfen ja, aber nicht um jeden Preis

(XXIV.) Gedanken wie die folgenden dürfen dich nicht quälen: »Ohne Ehren werde ich dahinleben und nirgends etwas gelten.« Falls das Ausbleiben von Ehren wirklich ein Unglück ist: du kannst doch durch das Wirken eines anderen ebenso wenig im Unglück sein wie in Schande. Hängt es etwa von dir ab, ein Staatsamt zu erlangen oder zu einem Festmahl eingeladen zu werden? Gewiss nicht. Wieso kann dies dann noch als »Ausbleiben von Ehren« aufgefasst werden? Und wie kannst du »nirgends etwas gelten«, da du doch einzig in dem Bereich etwas bedeuten sollst, über den du gebietest, worin du der Bedeutendste sein darfst?

Aber deine Freunde werden so ohne Hilfe bleiben! Was meinst du mit »ohne Hilfe«? Sie werden von dir kein Geld bekommen, und du wirst ihnen auch nicht das römische Bürgerrecht verschaffen können. Wer hat dir denn gesagt, dass dies zu den Dingen gehört, über die wir gebieten, und nicht von andern abhängt? Wer aber kann einem andern geben, was er selbst nicht hat? »Dann verschaff dir Geld«, sagt ein Freund, »damit auch wir etwas davon haben.« Wenn ich es mir verschaffen kann, ohne dabei meine Selbstachtung, meine Verlässlichkeit und mein hochgesinntes Wesen zu verlieren, dann zeige mir den Weg, und ich werde es mir verschaffen. Wenn ihr aber von mir verlangt, dass ich diese meine Güter preisgebe, damit ihr zu Gütern kommt, die gar keine sind, so seht ihr doch selbst ein, wie ungerecht und unvernünftig ihr seid.

Was zieht ihr eigentlich vor? Geld oder einen verlässlichen und seinem Gewissen verpflichteten Freund? Verhelft mir also lieber zu diesen Eigenschaften und verlangt nicht von mir, dass ich etwas tue, wodurch ich sie gerade verlieren muss.

»Aber das Vaterland wird«, so lautet ein Einwurf, »soweit es auf mich ankommt, ohne Hilfe bleiben.« Noch einmal fragte ich: »Hilfe welcher Art?« Säulenhallen und Badeanstalten wird es von dir nicht bekommen. Aber was hat das zu besagen? Es bekommt ja auch keine Schuhe vom Schmied und keine Waffen vom Schuster. Es genügt, wenn jeder seine eigene Aufgabe erfüllt. Wenn du ihm einen Mitmenschen zu einem verlässlichen und seinem Gewissen verpflichteten Bürger heranbilden würdest, nütztest du ihm dann nichts? »Doch.« Folglich dürftest du ihm nicht unnütz sein. »Welche Stellung«, sagt er, »werde ich also im Staat einnehmen?« Diejenige, die du einnehmen kannst, ohne in dir den Mann der Verlässlichkeit und Selbstachtung aufzugeben. Verlierst du aber, in der Absicht, dem Staat zu helfen, diese Eigenschaften, was kannst du ihm da noch nützen, wenn du schließlich schamlos und unzuverlässig geworden bist?

Ehren haben ihren Preis

(XXV.) Es wurde dir jemand bei einem Festmahl oder bei einer morgendlichen Begrüßung oder einer Einladung, Rat zu erteilen, vorgezogen. Wenn dies etwas Gutes ist, dann solltest du dich darüber freuen, dass es jenem zuteil geworden ist. Wenn es aber etwas Schlechtes ist, dann ärgere dich nicht, dass du es nicht bekommen hast.

Bedenke: Wenn du nicht dasselbe tust wie die anderen, um das zu erlangen, worüber wir nicht gebieten, kannst du auch nicht auf dasselbe Anspruch erheben. Denn wie kann einer, der nicht ständig vor den Türen eines Großen aufkreuzt, dasselbe erreichen wie einer, der das tut? Entsprechendes gilt für den, der ihn eskortiert und lobt oder der das sein lässt.

Du wirst ungerecht und unersättlich sein, wenn du den üblichen Kaufpreis nicht entrichten und diese Ehren unentgeltlich erhalten willst. Was kostet zum Beispiel der Salat? Sagen wir: Einen Obolus[7]. Wenn nun einer den Obolus bezahlt und dafür seinen Salat bekommt, du aber nicht zahlst und nichts bekommst, so glaube nicht, dass du das Nachsehen hast gegenüber dem, der etwas bekommt. Denn wie jener seinen Salat hat, so hast du noch den Obolus, den du nicht ausgegeben hast.

Und genauso ist es auch hier. Du bist nicht zum Festmahl eingeladen worden? Natürlich nicht; denn du hast dem Gastgeber den Preis nicht bezahlt, um den er sein Mahl verkauft. Um ein Kompliment verkauft er es oder eifrige Gefolgschaft. Bezahle also den Preis, um den er es verkauft, wenn dir das einen Vorteil bringt. Willst du aber nichts bezahlen und doch zu jenen Ehren kommen, dann bist du unersättlich und ein Narr.

Hast du nun nichts anstelle des Mahles? Du hast jetzt die Gewissheit, dass du den nicht gelobt hast, den du nicht loben wolltest, und dass du dir von seinen Türwächtern nichts hast gefallen lassen müssen.

Duldsamkeit – auch wenn es dich trifft

(XXVI.) Den Willen der Natur kann man aus dem erkennen, worin wir untereinander nicht verschiedener Meinung sind. Wenn zum Beispiel der junge Sklave eines andern den Trinkbecher zerbricht, dann ist man sogleich bereit zu sagen: »So etwas kann passieren.« Wisse nun: Wenn dein eigener Trinkbecher zerbricht, so musst du die gleiche Einstellung haben wie damals, als der Becher des andern zerbrach. Übertrage sie nun auch auf wichtigere Dinge. Ein Kind oder die Frau eines andern ist gestorben. Es gibt keinen, der nicht sagen würde: »Das ist nun einmal das Los des Menschen.« Wenn aber jemandem das eigene Kind stirbt, dann klagt er zugleich: »Weh mir, ich Unglücklicher.« Wir sollten uns jedoch erinnern, was wir empfinden, wenn wir hören, dass andere ein solches Unglück getroffen hat.

---

[7] *Ein Obolus war im antiken Griechenland eine Silbermünze; heute bezeichnet man damit einen kleinen Geldbetrag, den man als eine Art Spende gibt.*

Vom Bösen

(XXVII.) Wie ein Ziel nicht aufgestellt wird, damit man es verfehle, so wenig entsteht das Böse von Natur aus in der Welt.

Liefere dich keinem anderen aus

(XXVIII.) Wenn jemand deinen Körper dem ersten besten, der dir begegnet, ausliefern würde, dann wärest du entrüstet. Dass du aber dein Denken jedem Beliebigen auslieferst, so dass es beunruhigt und verstört wird, wenn er dich beleidigt – dessen schämst du dich nicht?

Bedenke die Voraussetzungen und Folgen

(XXIX.) Bei allem, was du tust, bedenke die Voraussetzungen und Folgen und geh dann ans Werk. Andernfalls wirst du anfangs voll Begeisterung an die Sache herangehen, da du ja keine der möglichen Entwicklungen bedacht hast, später aber, wenn irgendwelche Schwierigkeiten auftauchen, schmählich aufgeben.

Du willst bei den Olympischen Spielen siegen? Ich auch, bei den Göttern, denn das ist eine feine Sache. Aber bedenke die Voraussetzungen und die Folgen und dann erst pack die Sache an. Du musst dich einer harten Disziplin unterwerfen, eine strenge Diät befolgen, musst auf Süßigkeiten verzichten, auf Kommando trainieren – zu festgesetzter Zeit, bei Hitze und Kälte; dann darfst du kein kaltes Wasser trinken, keinen Wein, wenn du Lust dazu hast, kurz: du musst dich deinem Trainer wie einem Arzt ausliefern. Dann, beim Wettkampf, musst du dich im Sand wälzen, kannst dir den Arm ausrenken, den Knöchel verstauchen, eine Menge Staub schlucken, manchmal auch Hiebe bekommen – und musst trotz allem vielleicht eine Niederlage einstecken.

Dies alles erwäge, und hast du dann noch Lust, dann geh zum Wettkampf. Andernfalls wirst du dich wie die Kinder benehmen, die bald Ringkampf, bald Gladiatorenkampf spielen, jetzt Trompete blasen, dann Theater spielen. So bist du auch heute ein Wettkämpfer, morgen ein Gladiator, dann wieder Redner und dann Philosoph, aber nichts mit ganzer Seele. Nein, wie ein Affe machst du alles nach, was du siehst, und bald gefällt dir dieses bald jenes.

Denn du gehst eben an eine Aufgabe heran, ohne sie dir vorher überlegt und von allen Seiten in Augenschein genommen zu haben; dich treibt nur der blinde Zufall und ein frostiges Verlangen.

So haben zum Beispiel manche einen Philosophen gesehen und jemand reden hören, wie Euphrastes[8] redet – freilich, wer kann so reden wie er? –, und nun wollen sie selbst Philosophen sein. Mensch, überleg dir doch zuerst, worum es sich eigentlich handelt. Dann prüfe die Ausstattung deiner Natur, ob du der Sache auch gewachsen bist. Du willst Fünfkämpfer oder Ringer sein? Sieh dir deine Arme, deine Schenkel an, prüfe deine Hüften. Denn der eine ist für dieses, der andere für jenes geschaffen.

Glaubst du, dass du als Philosoph wie bisher essen und trinken und unverändert deiner Lust und Unlust frönen kannst? Du musst auf Schlaf verzichten, hart arbeiten, deine Angehörigen verlassen, von einem armseligen Sklaven dich verachten und von jedem, der daherkommt, verspotten lassen, bei allem den kürzeren ziehen, bei Ehren und Ämtern, vor Gericht und bei jedem noch so belanglosen Geschäft. Überleg dir gut, ob du um diesen Preis Gleichmut, Freiheit und innere Ruhe gewinnen willst.

Willst du das nicht, so lass dich nicht auf die Philosophie ein, damit du es nicht wie die Kinder machst: Heute Philosophie, morgen Zollpächter, dann Redner, dann kaiserlicher Prokurator. Das passt nicht zusammen. Du musst *ein* Mensch sein, ein guter oder ein schlechter.

Du musst entweder das leitende Prinzip in dir zur Vollendung bringen oder die äußeren Dinge, kunstvoll an der Innen- oder Außenwelt arbeiten, das heißt: entweder die Stelle eines Philosophen oder eines Durchschnittsmenschen einnehmen.

Tu immer deine Pflicht

(XXX.) Unsere Pflichten bemessen sich im allgemeinen nach unseren sozialen Beziehungen. Da ist ein Vater: es ist einem auferlegt, sich um ihn zu kümmern, ihm in allem den Vortritt zu lassen, es zu ertragen, wenn er schimpft und einen schlägt. »Aber er

---

[8] *Euphrastes: Griechischer Philosoph*

ist ein schlechter Vater.« Hat dich die Natur etwa mit einem *guten* Vater in Beziehung gebracht? Nein, nur mit einem Vater. »Mein Bruder tut mir unrecht.« Gut, aber halte an deiner Einstellung ihm gegenüber fest; gib nicht darauf acht, was er tut, sondern was du tun musst, wenn deine sittlichen Grundsätze mit der Natur übereinstimmen sollen. Denn kein anderer wird dir schaden, wenn du es nicht willst. Dann aber wirst du geschädigt sein, wenn du annimmst, dass du geschädigt wirst.

So wirst du auch die Pflichten deines Nachbarn, deines Mitbürgers und deines Feldherrn dir gegenüber erkennen, wenn du dich daran gewöhnst, deine sozialen Beziehungen zu ihnen richtig zu sehen.

Frömmigkeit

(XXXI.) Was die Frömmigkeit gegenüber den Göttern betrifft, so wisse, dass es hauptsächlich darauf ankommt, richtige Vorstellungen über sie zu haben: dass sie existieren und das Weltall gut und gerecht regieren und dass du die Bereitschaft haben musst, ihnen zu gehorchen und dich allem, was geschieht, zu fügen und freiwillig zu folgen, in der Überzeugung, dass es von der vollkommensten Einsicht zum Ziel geführt wird. Dann wirst du die Götter nämlich niemals tadeln und ihnen vorwerfen, sie kümmerten sich nicht um dich.

Das ist aber nur dann zu erreichen, wenn du die Begriffe Gut und Böse von allem trennst, worüber wir nicht gebieten, und sie lediglich in dem Bereich gelten lässt, über den wir gebieten. Denn wenn du etwas von jenem für gut oder böse hältst, so wirst du zwangsläufig die Verursacher tadeln und hassen, sobald du verfehlst, was du erstrebst oder dem anheim fällst, was du nicht wünschst. Denn es liegt in der Natur eines jeden Lebewesens, das, was ihm schädlich erscheint und was den Schaden verursacht, zu fliehen und sich von ihm abzuwenden, dem Nützlichen und seinen Ursachen aber nachzugehen und es zu bewundern.

Es ist also unvorstellbar, dass einer, der sich geschädigt glaubt, über den, der ihn seiner Meinung nach schädigt, freut, wie es ja auch unmöglich ist, dass man sich über den Schaden selbst freut.

Daher wird auch ein Vater von seinem Sohn beschimpft, wenn er sein Kind nicht teilhaben lässt an den Dingen, die dieses für gut hält; und so machte auch Polynikes und Eteokles die Vorstellung, die Alleinherrschaft sei ein Gut, zu gegenseitigen Feinden. Deshalb beschimpfen auch der Bauer, der Seemann und der Kaufmann die Götter, und dasselbe tun diejenigen, die ihre Frauen und Kinder verlieren. Denn wo Nutzen ist, da ist auch Frömmigkeit.

Wer sich daher bemüht, zu begehren und zu meiden, wie es sich gehört, der bemüht sich zugleich auch um Frömmigkeit. Aber Trank- und Rauchopfer und die Erstlingsgaben nach Vätersitte darzubringen, ist stete Pflicht – mit reinem Herzen, nicht zerstreut, nicht nachlässig, nicht knausrig, aber auch nicht über unsere Mittel hinaus.

Missbrauche das Orakel nicht

(XXXII.) Wenn du zur Wahrsage-Kunst Zuflucht nimmst, so bedenke: wie es ausgehen wird, weißt du nicht, sondern du bist gekommen, um es vom Wahrsager zu erfahren; von welcher Art aber der Ausgang ist, das wusstest du schon, als du hingingst – wenn du wirklich ein Philosoph bist. Denn wenn er zu den Dingen gehört, über die wir nicht gebieten, dann ist er zwangsläufig weder etwas Gutes noch etwas Schlechtes. Trag also dem Wahrsager weder Wünsche dafür noch dagegen vor und nähere dich ihm auch nicht mit Zittern und Zagen, sondern in der Überzeugung, dass jeder Ausgang gleichgültig ist und dich nichts angeht; was es auch sei, du kannst davon einen guten Gebrauch machen, und daran wird dich keiner hindern.

Mutig wende dich also an die Götter, sind sie doch deine Ratgeber; und dann, wenn dir ein Rat erteilt wird, denk daran, wen du als Ratgeber genommen hast und wen du durch deinen Ungehorsam missachten wirst. Wende dich aber nach der Weisung des Sokrates nur in solchen Fällen an das Orakel, bei denen sich die ganze Befragung auf den Ausgang bezieht und wo weder durch Nachdenken noch irgendeine andere Technik sich Anhaltspunkte zur Klärung des vorliegenden Falles einstellen.

Wenn es also gilt, mit einem Freund oder dem Vaterland eine Gefahr zu bestehen, befrage nicht erst das Orakel, ob du es tun sollst. Denn wenn dir der Wahrsager verkündet, die Opferzeichen seien schlecht ausgefallen, so zeigt das offenbar Tod, Verstümmelung eines Körperteils oder Verbannung an; die Vernunft jedoch gebietet trotz dieser bedrohlichen Aussichten dem Freund zu helfen und mit dem Vaterland die Gefahr zu bestehen.

Halte dir also den größeren Wahrsager vor Augen, den pythischen Apollon, der den Mann aus dem Tempel jagte, der seinem Freund in Todesnot nicht zu Hilfe geeilt war.

Wichtige Lebensregeln

(XXXIII.) Setz für dich gleich jetzt ein festes Gepräge und Muster fest, an dem du festhalten willst, ob du mit dir allein bist oder dich mit anderen Leuten triffst.

Für gewöhnlich herrsche Schweigen, oder es werde nur das Notwendige gesprochen und das mit wenigen Worten. Selten aber und nur, wenn besondere Umstände dich zum Reden auffordern, rede, doch nicht über die landläufigen Themen, nicht über Gladiatorenkämpfe, Pferderennen oder Athleten, nicht über Speisen und Getränke, alles hundertmal besprochen; vor allem sprich nicht über andere Leute, weder tadelnd, noch lobend oder sie vergleichend. Wenn es dir möglich ist, so lenke durch dein Gespräch auch das der übrigen Teilnehmer auf einen schicklichen Gegenstand. Findest du dich aber isoliert unter Fremden, dann schweige.

Lache nicht viel, nicht über vieles und nicht hemmungslos.

Verbitte dir das Schwören unter allen Umständen, wenn das geht, sonst aber nach Möglichkeit.

Einladung zu Gastmählern bei dir Wesensfremden und in Philosophie Ahnungslosen schlage aus. Ist deine Teilnahme aber einmal unvermeidlich, so gib angestrengt darauf acht, dass du nicht ihre Unbildung annimmst. Denn merke dir: Wenn der Freund ein Schmutzfink ist, so wird sich auch der, der mit ihm engen Kontakt hat, unweigerlich beschmutzen, auch wenn er selbst vielleicht sauber ist.

Was den Körper betrifft, ob es sich um Essen, Trinken, Kleidung, Wohnung und Bedienung handelt, so befriedige nur das nackte Bedürfnis; was nur auf äußeren Glanz und Luxus abzielt, das klammere völlig aus.

Verzichte vor der Ehe möglichst auf geschlechtliche Beziehungen; wenn du dich aber darauf einlässt, so tue es im Rahmen des gesetzlich Erlaubten. Denen, die sich sexuell betätigen, falle jedoch nicht mit Vorwürfen zur Last. Erwähne auch nicht überall deine Enthaltsamkeit.

Wenn dir jemand berichtet, der oder jener sage Schlechtes über dich, so rechtfertige dich nicht, sondern antworte: Nun, er kannte wohl meinen andern Fehler nicht, die mir anhaften; denn sonst würde er nicht diese allein anführen.«

Es ist nicht nötig, häufig zu öffentlichen Spielen zu gehen. Kommt es aber doch einmal dazu, dann zeige dich auf nichts besonders konzentriert außer auf dich selbst, das heißt, habe nur den Wunsch, dass alles sich so abspielt, wie es sich abspielt, und dass allein der siege, welcher siegt; so nämlich wirst du nicht dein seelisches Gleichgewicht verlieren.

Zurufe, beifälliges Gelächter und starke Gemütsbewegungen vermeide ganz. Und nachdem du die Arena verlassen hast, unterhalte dich nicht wortreich über die Vorführung, es sei denn, du würdest davon innerlich bereichert. Denn sonst tritt klar zutage, dass das Schauspiel deine Bewunderung erregt hat.

Zu öffentlichen Autorenlesungen geh nicht wahllos und unüberlegt. Gehst du aber hin, so bewahre deine Würde und Ausgeglichenheit, ohne die anderen vor den Kopf zu stoßen.

Wenn du die Absicht hast, jemanden zu treffen, vor allem, wenn es sich um eine angesehene Persönlichkeit handelt, dann stell dir vor, was in dieser Situation Sokrates oder Zenon[9] getan hätten, und du wirst nicht verlegen sein, wie du der Herausforderung angemessen begegnest.

Wenn du einen sehr einflussreichen Mann besuchst, so stell dir vor: du wirst ihn nicht zuhause antreffen, man wird dich nicht vorlassen, man wird dir die Tür vor der Nase zuschlagen oder er wird dich gar nicht beachten. Und wenn du trotz allem hingehen musst, dann geh und ertrage, was kommt, und sage nie zu dir selbst: »Das hat sich nicht gelohnt!« Denn das wäre unphilosophisch und verriete ein gestörtes Verhältnis zu den äußeren Dingen.

---

[9] *Zenon von Kition (ca. 333-262 v. Chr.), auch Zenon der Jüngere genannt, war ein hellenistischer Philosoph und Begründer der Stoa.*

In Gesellschaft vermeide es, weitschweifig und maßlos von deinen eigenen Leistungen und Abenteuern zu reden. Denn wenn es dir auch Spaß bereitet, von deinen Abenteuern zu erzählen, so braucht es den andern noch lange nicht denselben Spaß zu bereiten, deine Erlebnisse anzuhören. Vermeide es auch, Gelächter zu erregen. Denn diese Neigung entartet leicht zur Stillosigkeit und ist geeignet, die Achtung deiner Mitmenschen vor dir zu schmälern.

Gefährlich ist es auch, sich zotigen Reden auszusetzen. Wenn nun etwas Derartiges geschieht, dann rede demjenigen, der soweit gegangen ist, ins Gewissen, falls sich eine passende bietet; ist dies nicht möglich, so zeige wenigstens durch dein Schweigen, dein Erröten und deine finstere Miene, dass du die Worte missbilligst.

Die Herausforderung sinnlicher Lust

(XXXIV.) Hat dich die Vorstellung einer sinnlichen Lust erfasst, dann hüte dich wie bei allen anderen Vorstellungen, dass du von ihr nicht hingerissen wirst. Lass vielmehr die Sache auf dich warten und ring dir eine gewisse Atempause ab. Dann denke an die beiden Augenblicke: an den, da du die Lust genießen, und an den, da du nach dem Genuss später alles bereuen und dir selber Vorwürfe machen wirst. Und dem stelle gegenüber, wie du dich freuen und selber beglückwünschen wirst, wenn du Enthaltsamkeit geübt hast.

Bietet sich dir aber eine günstige Gelegenheit zum Genuss, so pass auf, dass dich nicht das Einlullende, das Reizende und Verführerische daran überwältigt, sondern halte dir zum Vergleich vor Augen, wie viel schöner das Bewusstsein eines solchen Sieges für dich ist.

Tue recht und fürchte niemanden

(XXXV.) Wenn du etwas Bestimmtes tust in der Überzeugung, dass es getan werden müsse, so scheue dich niemals, dabei gesehen zu werden, auch wenn die große Menge wahrscheinlich darüber die Nase rümpft. Denn wenn das, was du vorhast, Unrecht ist, so lass es überhaupt sein; handelst du aber recht, was fürchtest du dann die Leute, die dich zu Unrecht tadeln werden?

Übe Zurückhaltung

(XXXVI.) Wie die Verbindung der beiden Sätze »Es ist Tag«, »Es ist Nacht« mit »oder« sehr sinnvoll, mit »und« dagegen absurd ist, so mag es zwar auch für den Körper gut sein, sich beim Essen das größte Stück zu nehmen, in Hinsicht auf die in Gesellschaft gebotene Selbstbescheidung ist dieses Betragen jedoch charakterlos. Wenn du also bei einem andern zu Gast bist, denk daran, nicht nur auf den Wert der aufgetragenen Speisen für deinen Körper zu achten, sondern auch dem Gastgeber gegenüber den gebührenden Anstand zu wahren.

Überfordere dich nicht

(XXXVII.) Wenn du eine Rolle übernimmst, die deine Kräfte übersteigt, so gibst du dir nicht nur hierin eine Blöße, sondern versäumst auch die, die du hättest ausführen können.

Hüte dich vor seelischem Schaden

(XXXVIII.) Wie du beim Spazierengehen darauf achtest, dass du nicht in einen Nagel trittst oder dir den Fuß verstauchst, so achte darauf, dass du das leitende Prinzip in dir nicht schädigst. Und wen wir diese Regel bei allem, was wir tun, beachten, dann werden wir mit größerer Sicherheit ans Werk gehen.

Zügle deine Ansprüche

(XXXIX.) Der Körper diene jedem als Maß für den Besitz wie der Fuß für den Schuh. Hältst du treu an diesem Prinzip fest, wirst du das richtige Maß einhalten; überschreitest du es aber, wirst du zuletzt unweigerlich gleichsam in einen Abgrund stürzen. Es ist wie beim Schuh: Wenn du einmal die Bedürfnisse deines Fußes überschritten hast, dann wählst du zuerst einen vergoldeten, dann einen purpurnen und schließlich einen gestickten Schuh. Ist erst einmal das Maß gesprengt, dann gibt es keine Grenzen mehr.

Die Ehre der Frauen

(XL.) Die jungen Frauen werden, gleich wenn sie vierzehn geworden sind, von den Männern »Damen« genannt. Und wenn sie nun sehen, dass ihre Rolle sich darin erschöpft, mit den Männern zu schlafen, fangen sie an, sich herauszuputzen und darauf all ihre Hoffnung zu setzen. Es empfiehlt sich daher, ihnen begreiflich zu machen, dass ihre Ehre auf nichts anderem beruht als auf Anstand und Treue zu ihrem Gewissen.

Körper und Geist

(XLI.) Es verrät geistige Armut, sich dauernd mit dem Körper zu beschäftigen, zum Beispiel zu viel Sport zu betreiben, zu viel zu essen, zu viel zu trinken, zu oft seine Notdurft zu verrichten und seinem Sexualtrieb freien Lauf zu lassen. Nein, diese Bedürfnisse sollte man nur nebenbei befriedigen, und die ganze Aufmerksamkeit gelte der Entfaltung der geistigen Anlagen.

Wem Beleidigungen schaden

(XLII.) Wenn jemand schlecht an dir handelt oder schlecht über dich redet, denke daran, dass er dies tut oder sagt, weil er glaubt, er müsse es tun. Er kann also unmöglich deiner Sicht der Dinge folgen, sondern nur der eigenen. Deshalb hat *er* den Schaden, wenn er die Dinge falsch sieht; denn er ist es, der sich im Irrtum befindet. Denn auch wenn jemand eine logische Verknüpfung von Urteilen für falsch hält, so schadet das der Verknüpfung nicht, sondern nur dem, der sich geirrt hat. Gehst du von dieser Einsicht aus, wirst du deinem Beleidiger gelassen begegnen. Sag dir nämlich jedes Mal: »Es schien ihm eben richtig so.«

Jedes Ding hat zwei Henkel

(XLIII.) Jedes Ding hat zwei Henkel: an dem einen kann man es tragen, an dem anderen nicht. Wenn dir dein Bruder Unrecht tut, so fasse die Sache nicht von der Seite an, dass er Unrecht tut – denn an diesem Henkel lässt sie sich nicht tragen –, sondern vielmehr von der anderen Seite, dass er dein Bruder ist und mit dir aufwuchs, und du wirst sie anfassen, wo man sie tragen kann.

Fehlschlüsse

(XLIV.) Folgende Schlüsse sind falsch: »Ich bin reicher als du – also bin ich dir überlegen.« – »Ich kann besser reden als du – also bin ich dir überlegen.« Folgerichtiger sind die Sätze: »Ich bin reicher als du – also ist mein Besitz deinem überlegen.« – »Ich kann besser reden als du – also ist meine Redekunst deiner überlegen.« Du selbst bist doch weder dein Besitz noch deine Redekunst.

Urteile nicht voreilig!

(XLV.) Es wäscht sich jemand eilig. Sag nicht: er wäscht sich schlecht, sondern: er wäscht sich eilig. Es trinkt jemand viel Wein. Sag nicht: das ist schlecht, sondern: er trinkt viel. Denn bevor du den Grund seiner Handlungsweise durchschaust – woher weißt du denn, ob er schlecht handelt? So wird es dir nicht passieren, dass du von einigen Dingen untrügliche Sinneseindrücke gewinnst, andern aber voreilig deine Zustimmung gibst.

Handeln statt reden

(XLVI.) Nenne dich niemals einen Philosophen und sprich unter Ungebildeten auch möglichst nicht über die philosophischen Lehrsätze, sondern handle danach. Bei einem Gastmahl zum Beispiel sprich nicht davon, wie man essen soll, sondern iss so, wie es sich gehört. Denn denk daran, dass sich Sokrates jedes Zurschaustellen seines Wissens so völlig versagt hat, dass Leute zu ihm kamen, die von ihm mit Philosophen bekannt gemacht zu werden wünschten, und er führte sie einfach hin. So wenig machte er sich daraus, übersehen zu werden. Und wenn unter Ungebildeten die Rede auf irgendeinen philosophischen Lehrsatz kommt, so schweige möglichst. Denn die Gefahr ist groß, dass du sogleich wieder von dir gibst, was du noch nicht verdaut hast. Und wenn jemand zu dir sagt, dass du nichts weißt, und du dich dadurch nicht gekränkt fühlst, dann wisse, dass du den ersten Schritt getan hast. Denn auch die Schafe zeigen den Hirten nicht dadurch, dass sie ihnen das Futter zurückbringen, wie viel sie gefressen haben, sondern sie verdauen inwendig ihre Nahrung und liefern dann nach außen Wolle und Milch. So stelle auch du vor Ungebildeten nicht die philosophischen Lehrsätze zur Schau, sondern lass sie deren Wirkung sehen, nachdem du sie verarbeitet hast.

Bilde dir nichts ein

(XLVII.) Bist du, was deine körperlichen Bedürfnisse betrifft, anspruchslos geworden, so bilde dir darauf nichts ein, und wenn du nur Wasser trinkst, so sage nicht bei jeder Gelegenheit, dass du nur Wasser trinkst. Wenn du dich einmal abhärten willst, so tue das für dich und nicht für die Zuschauer. Umarme nicht (vor aller Augen) die (eiskalten) Standbilder, sondern wenn du einmal heftigen Durst hast, nimm einen Schluck kalten Wassers, spei es wieder aus und sage es keinem.

Kennzeichen eines Fortschreitenden

(XLVIII.) Zustand und Charakter eines Ungebildeten: Niemals erwartet er Nutzen oder Schaden von sich selbst, sondern nur von äußern Einwirkungen. Zustand und Charakter eines Philosophen: allen Nutzen und Schaden erwartet er von sich selbst.

Kennzeichen eines Menschen, der Fortschritte macht: er tadelt niemanden, lobt niemanden, schilt niemanden, macht niemandem Vorwürfe, spricht nicht über sich selber, als ob er etwas Besonderes sei oder wüsste. Wenn ihn etwas hindert oder hemmt, macht er sich selbst Vorwürfe. Und wenn ihn jemand lobt, so lächelt er im stillen über den Lobspender. Und wenn ihn jemand tadelt, verteidigt er sich nicht. Er geht einher wie einer, der von der Krankheit noch schwach ist und hütet sich, etwas von dem, was gerade in die richtige Lage gebracht wird, zu bewegen, ehe es endgültig fixiert ist.

Jegliches Begehren hat er aus seinem Wesen verbannt und seine Abneigung auf das beschränkt, was widernatürlich ist von den Dingen, über die wir gebieten. Für nichts zeigt er eine ausgeprägte Leidenschaft. Hält man ihn für närrisch oder unwissend, so kümmert ihn das nicht. Mit einem Wort: Vor sich selber ist er auf der Hut wie vor einem hinterlistigen Feind.

Theorie und Praxis

(XLIX.) Wenn jemand sich damit brüstet, er könne die Bücher des Chrysipp[10] verstehen und erklären, so sage zu dir selbst: »Wenn Chrysipp nicht schwer verständlich geschrieben hätte, so hätte dieser nichts, womit er sich brüsten könnte.« Ich aber, was will ich? Die Natur verstehen lernen und ihr folgen. Ich suche daher nach einem, der sie mir erklärt; und da ich dabei den Namen Chrysipp höre, wende ich mich an ihn. Aber ich verstehe seine Schriften nicht. Also suche ich jemanden, der sie mir erklärt. Bis dahin besteht noch kein Grund, stolz zu sein. Wenn ich aber einen gefunden habe, der sie mir erklärt, dann bleibt noch die Aufgabe, die Vorschriften auch anzuwenden. Allein darauf darf man stolz sein. Wenn ich aber nur das Auslegen selbst bewundere, was bin ich da zuletzt anderes als ein Philologe, aber kein Philosoph, nur dass ich statt Homer den Chrysipp erkläre? Ich erröte daher noch mehr, sobald jemand zu mir sagt: »Lies mir aus Chrysipp vor«, wenn ich nicht imstande bin, die Taten aufzuweisen, die seinen Worten entsprechen und mit ihnen übereinstimmen.

Von der Treue zur Philosophie

(L.) An den Vorschriften der Philosophie halte fest wie an Gesetzen und sei überzeugt, dass du dich schwer vergehst, wenn du sie übertrittst. Was man auch über dich sagt – kümmere dich nicht darum; denn das entzieht sich nun deinem Einfluss.

Entscheide dich jetzt!

(LI.) Wie lange willst du es noch aufschieben, dich der Erfüllung höchster sittlicher Ansprüche für wert zu erachten und in keinem Fall gegen die Vernunft zu verstoßen, die die grundlegende Unterscheidung der Dinge erlaubt? Du hast die philosophischen Lehren empfangen, denen du zustimmen musstest, und du hast ihnen zugestimmt. Auf was für einen Lehrer wartest du jetzt noch, um ihm die Aufgabe zu übertragen, deine sittliche Besserung zu

---

[10] *siehe Fußnote 12*

bewirken? Du bist kein Knabe mehr, sondern schon ein erwachsener Mann. Wenn du jetzt nachlässig und leichtsinnig bist, immer nur einen Vorsatz nach dem andern fasst und einen Tag nach dem andern festsetzt, von dem an du auf dich achten willst, dann wirst du, ohne es zu merken, keine Fortschritte machen, sondern immer ein Ignorant bleiben im Leben wie im Sterben. Trau es dir doch endlich zu, wie ein erwachsener Mensch zu leben, der moralische Fortschritte macht; und alles, was dir als das Beste erscheint, sei dir ein unverbrüchliches Gesetz. Und wenn dir etwas Aufreibendes oder Vergnügliches, Ruhmvolles oder Ruhmloses begegnet, so denk daran: jetzt gilt es zu kämpfen, nun sind die Olympischen Spiele da und mit dem Aufschieben ist es nun aus, und an einem einzigen Tag, durch eine einzige Handlung wird der erzielte Fortschritt zerstört oder bewahrt.

So wurde Sokrates, wie er war, weil er bei allem, was ihm begegnete, auf nichts anderes achtete als auf die Vernunft. Du aber, auch wenn du noch kein Sokrates bist, solltest so leben, als ob du einer sein wolltest.

Das Wichtigste: die Praxis

(LII.) Der erste und notwendigste Bereich der Philosophie ist der von den Anwendungen ihrer Lehren, wie zum Beispiel nicht zu lügen. Der zweite handelt von den Beweisen, zum Beispiel, aus welchem Grund man nicht lügen darf. Der dritte begründet und zergliedert diese Beweise, zum Beispiel: Woraus ergibt sich, dass dies ein Beweis ist? Was ist eine logische Folgerung? Was ist ein Widerspruch? Was ist wahr? Was ist falsch? Der dritte Bereich ist also notwendig wegen des zweiten und der zweite wegen des ersten. Der notwendigste aber, bei dem man verweilen soll, ist der erste. Wir hingegen machen es genau umgekehrt. Denn wir verbringen unsere Zeit mit dem dritten Bereich, und ihm gilt unser ganzer Einsatz. Den ersten aber lassen wir völlig außer acht. Deshalb lügen wir zwar; wie man aber beweist, dass man nicht lügen darf, ist uns geläufig.

Kernsätze

(LIII.) Bei allem was geschieht, sollten uns folgende Kernsätze stets abrufbar sein:

»O Zeus, und du, allmächtiges Schicksal, führt mich zu jenem Ziel, das mir einst von euch bestimmt wurde. Ich werde folgen ohne Zaudern. Sträubt' ich mich, ein Frevler wär ich dann, ein Feigling, und müsste doch euch folgen!«

Und weiter:

»Wer dem unausweichlichen Schicksal sich in rechter Weise fügt, der gilt als weise uns und kennt der Götter Walten.«

Und drittens:

»Nun mein Kriton, wenn es so den Göttern lieb ist, mag es so geschehen.«

Und zuletzt:

»Antyos und Meletos können mich zwar töten, schaden aber können sie mir nicht.«

– ENDE –

Zweiter Teil
(Übersetzung von Carl Philipp Conz)

Einiges haben wir in der Hand, anderes nicht

(I.1.) Einige Dinge sind in unserer Gewalt, andere nicht. In unserer Gewalt sind: Meinung, Trieb, Begierde, Widerwille: kurz: Alles, was unser eigenes Werk ist. – Nicht in unserer Gewalt sind: Leib, Vermögen, Ansehen, Ämter, kurz: Alles, was nicht unser eigenes Werk ist.

Vorzüge und Pflichten des Eigentums

(I.2) Und die Dinge, welche in unserer Gewalt stehen, sind von Natur frei; sie können nicht verhindert, noch in Fesseln geschlagen werden. Die Dinge aber, welche nicht in unserer Gewalt stehen, sind schwach, und völlig abhängig; sie können verhindert und gefesselt werden.

(I.3) Wofern du nun Dinge, die von Natur völlig abhängig sind, für frei, und Fremdes für Eigentum ansiehst, so vergiss nicht, dass du auf Hindernisse stoßen, in Trauer und Unruhe geraten, und Götter und Menschen anklagen wirst. Wenn du aber nur, was wirklich dein ist, als dein Eigentum betrachtest, das Fremde aber so, wie es ist, als Fremdes, so wird dir niemand je Zwang antun, niemand wird dich hindern; du wirst keinen schelten, keinen anklagen, wirst nichts tun wider Willen, niemand wird dich kränken, du wirst keinen Feind haben, kurz: du wirst keinerlei Schaden leiden.

Keine Halbheit!

(I.4) Wenn du nun so Großes begehrst, so bedenke, dass du nicht mit halbem Eifer darnach greifen, sondern einiges völlig verleugnen, anderes für jetzt aufschieben musst. Wofern du aber sowohl jenes begehrst, als auch herrschen und reich sein willst, so wirst du vielleicht nicht einmal dieses Letztere erlangen, gerade weil du zugleich nach dem Ersteren strebst. Gänzlich verfehlen aber wirst du dasjenige, woraus allein Freiheit und Glückseligkeit entspringt.

Äußere Dinge – was gehen sie dich an?

(I.5) Bestrebe dich, jeder unangenehmen Vorstellung sofort zu begegnen mit den Worten: du bist nur eine Vorstellung, und durchaus nicht das, als was du erscheinst. Alsdann untersuche dieselbe, und prüfe sie nach den Regeln, welche du hast, und zwar zuerst und allermeist nach der, ob es etwas betrifft, was in unserer Gewalt ist, oder etwas, das nicht in unserer Gewalt ist; und wenn es etwas betrifft, das nicht in unserer Gewalt ist, so sprich nur jedes Mal sogleich: Geht mich nichts an!

Du hast dein Glück in der Hand

(II.1) Bedenke, dass die Begierde verheißt, wir werden erlangen, was wir begehren; der Widerwille aber verheißt, es werde uns nicht widerfahren, was er zu meiden sucht. Wer nun nicht erlangt, was er begehrt, ist unglücklich, und wem widerfährt, was er gerne vermeiden möchte, ist es doppelt. Wenn du aber bloß dasjenige zu meiden suchst, was der Natur der Dinge, die in deiner Gewalt sind, zuwider ist, so wird nichts von dem widerfahren, was du meiden willst. Willst du aber Krankheit meiden, oder Armut, oder Tod, so wirst du unglücklich sein.

Das Sicherste für den Anfang

(II.2) Hinweg also mit deinem Widerwillen von allem dem, was nicht in unsrer Gewalt ist, und trage ihn über auf das, was der Natur der Dinge, die in unsrer Gewalt sind, zuwider ist. Die Begierde aber entferne vorerst ganz. Denn wenn du etwas von dem begehrst, was nicht in unserer Gewalt ist, so musst du notwendiger Weise unglücklich sein. Von den Dingen aber, die in unserer Gewalt sind, und welche zu begehren rühmlich wäre, ist dir noch gar nichts bekannt. Nur Trieb und Abneigung lass walten; aber sachte, mit Auswahl und mit Zurückhaltung.

Gemütsruhe

(III.) Bei Allem, was die Seele ergötzt, oder Nutzen schafft, oder dir lieb und wert ist, vergiss nicht, ausdrücklich zu erwägen, welcher Art es sei, und fange beim Geringsten an. Wenn du einen Topf liebst, denke: ich liebe einen Topf. Zerbricht er dann, so wird es dich nicht anfechten. Wenn du dein Kind oder Weib herzest, so sage dir, dass du einen Menschen herzest. Stirbt er, so wird es dich nicht anfechten.

Wie man die Fassung behauptet

(IV.) Wenn du an ein Geschäft gehen willst, so erinnere dich beiläufig, wie das Geschäft beschaffen sei. – Wenn du zum Baden gehst, stelle dir vor, was im Bad zu geschehen pflegt, wie sie einander mit Wasser spritzen, einander stoßen, schimpfen und bestehlen. So wirst du mit größerer Sicherheit zu Werk gehen, indem du dabei alsbald zu dir selbst sprichst: Ich will jetzt baden, zugleich aber auch meinen der Natur gemäßen Grundsatz festhalten. Und so bei jedem Geschäft. Auf diese Weise wirst du dann, wenn dir beim Baden etwas in den Weg kommt, sogleich den Trost bei der Hand haben: Ich wollte ja nicht dieses allein, sondern auch meinen naturgemäßen Grundsatz festhalten. Ich werde ihn aber nicht festhalten, wenn ich mich über das Vorgefallene ärgere.

Der schrecklichste der Schrecken

(V.) Nicht die Dinge selbst, sondern die Meinungen von den Dingen beunruhigen die Menschen. So ist z.B. der Tod nichts Schreckliches, sonst wäre er auch dem Sokrates so erschienen; sondern die Meinung von dem Tod, dass er etwas Schreckliches sei, das ist das Schreckliche. Wenn wir nun auf Hindernisse stoßen, oder beunruhigt, oder bekümmert sind, so wollen wir niemals einen andern anklagen, sondern uns selbst, das heißt: unsere eigenen Meinungen. – Sache des Unwissenden ist es, andere wegen seines Missgeschicks anzuklagen; Sache des Anfängers in der Weisheit, sich selbst anzuklagen; Sache des Weisen, weder einen andern, noch sich selbst anzuklagen.

Törichter Stolz

(VI.) Sei auf keinen fremden Vorzug stolz. Wenn das Pferd sich stolz erhebend spräche: wie schön bin ich! so könnte man sich das gefallen lassen. Wenn aber du selbst voll Stolz sprächest: welch ein schönes Pferd habe ich! so wisse, dass du auf die Vorzüge deines Pferdes stolz bist. Was ist nun aber dein? – Der Gebrauch deiner Vorstellungen! – Wenn du also von deinen Vorstellungen einen naturgemäßen Gebrauch machst, dann magst du stolz sein; denn alsdann bist du stolz auf einen Vorzug, der dir gehört.

Zum Sterben fertig!

(VII.) Wenn du auf einer Seereise, während das Schiff im Hafen liegt, ausgehst, um Wasser zu schöpfen, so hebst du wohl nebenbei auch ein Muschelchen oder Zwiebelchen am Wege auf; deine Gedanken aber musst du auf das Schiff gerichtet haben, und fleißig zurückschauen, ob nicht etwa der Steuermann rufe; und wenn er ruft, so musst du alle jene Dinge zurücklassen, damit du nicht gebunden hineingeworfen werdest, wie die Schafe. So ist's auch im Leben. Wenn dir statt Zwiebelchen und Muschelchen ein Weibchen oder Kindchen geschenkt wird, so wird nichts dagegen einzuwenden sein. Wenn aber der Steuermann ruft, so renne zum Schiff und lass alle jene Dinge zurück, ohne dich auch nur umzuschauen. Bist du aber ein Greis, so entferne dich nicht einmal weit vom Schiff, damit du nicht zurückbleibest, wann jener ruft.

Schwimme nicht gegen den Strom

(VIII.) Verlange nicht, dass die Dinge gehen, wie du es wünschest, sondern wünsche sie so, wie sie gehen, und dein Leben wird ruhig dahin fließen.

Der Wille ist frei

(IX.) Krankheit ist ein Hindernis des Körpers, aber nicht des Willens, wenn er nicht selbst will. Lähmung ist ein Hindernis des Fußes, aber nicht des Willens. Und so denke bei allem, was dir begegnet; denn du wirst finden, dass es wohl ein Hindernis für etwas anderes ist, aber nicht für dich.

Versuchung und Widerstand

(X.) Vergiss nicht, bei jedem Vorfall in dich zu gehen, und zu untersuchen, welches Mittel du besitzest, um daraus Nutzen zu ziehen. Erblickst du einen Schönen oder eine Schöne, so wirst du ein Mittel dagegen finden, – die Selbstbeherrschung. Kommt Anstrengung, so findest du Ausdauer; kommt Schmach, so findest du Kraft zum Erdulden des Bösen. Und wenn du dich so gewöhnst, so wird dich die Vorstellung nicht hinreißen.

Der Weise verliert nichts

(XI.) Sage nie von einem Ding: ich habe es verloren; sondern: ich habe es zurückgegeben. Dein Kind ist gestorben; – es ist zurückgegeben worden. Dein Weib ist gestorben; – es ist zurückgegeben worden. Dein Landgut wurde dir genommen. – Nun, also auch dieses ist nur zurückgegeben worden. – »Aber der es dir genommen hat, ist ein Schurke.« – Was geht es aber dich an, durch wen es dir derjenige wieder abgefordert hat, der es dir gab? – So lange er es aber dir überlässt, behandle es als fremdes Gut, so wie die Reisenden die Herberge.

Fort mit Sorgen

(XII.1) Willst du Fortschritte machen, so musst du Gedanken, wie die folgenden, fahren lassen: Wenn ich das Meinige vernachlässige, so werde ich kein Brot haben; wenn ich meinen Jungen nicht züchtige, so wird er ein Bösewicht werden. Denn besser ist es, Hunger sterben, frei von Traurigkeit und Furcht, als im Überfluss leben mit Unruhe im Herzen; und besser ist's, dass der Junge ein Bösewicht werde, als dass du unglücklich seiest.

Was kostet Gemütsruhe?

(XII.2) Fange also bei den kleinsten Dingen an. Man verschüttet dir dein Bisschen Öl, man stiehlt dir dein Restchen Wein. Denke dabei: so teuer kauft man Gelassenheit, so teuer Gemütsruhe. Umsonst bekommt man nichts.

Wenn du deinen Knecht herbeirufst, so denke: es kann sein, dass er es nicht gehört hat; und wenn er es gehört hat, dass er nichts von dem tut, was du haben willst. Aber so gut soll er es nicht haben, dass deine Gemütsruhe in seine Willkür gestellt wäre.

Sei ein Tor vor der Welt

(XIII.) Willst du Fortschritte machen, so lass es dir gefallen, dass man dich in Bezug auf äußere Dinge für dumm und einfältig hält. Du musst nicht scheinen wollen, als wissest du etwas. Wenn auch gewisse Leute etwas auf dich halten, so traue dir selbst nicht. Wisse nämlich, dass es nicht leicht ist, die naturgemäßen Grundsätze, die du hast, und zugleich die äußeren Dinge im Auge zu behalten. Vielmehr, wer für das Eine sorgen will, muss ganz notwendig das Andere vernachlässigen.

Begehre nichts Unmögliches

(XIV.1) Wenn du willst, dass deine Kinder, dein Weib und deine Freunde ewig leben sollen, so bist du ein Tor. Du willst damit, dass Dinge, die nicht in deiner Gewalt sind, in deiner Gewalt sein sollen, und was nicht dein ist, soll dir gehören.

So auch, wenn du willst, dein Sohn soll keine Fehler machen, so bist du ein Narr; du willst nämlich, Schlechtigkeit soll nicht Schlechtigkeit sein, sondern etwas anderes. Willst du aber, dass deine Wünsche nicht fehlschlagen, das vermagst du schon. Das Mögliche also – darin übe dich.

Herr oder Knecht

(XIV.2) Ein Herr über alles ist der, welcher die Macht hat, das, was er will, oder nicht will, anzuschaffen oder wegzuschaffen. Wer nun frei sein will, der muss weder etwas wollen, noch etwas nicht wollen von dem, was in anderer Leute Gewalt ist. Wo nicht, so muss er ein Sklave sein.

Selbstverleugnung

(XV.) Vergiss nicht, dass du dich (im Leben) wie bei einem Gastmahl betragen musst. Man bietet etwas herum, und es gelangt zu dir: – strecke die Hand aus, und nimm bescheiden davon. Es geht an dir vorüber: – halte es nicht auf. Es will immer noch nicht kommen: – blicke nicht aus der Ferne begehrlich darauf hin, sondern warte, bis es an dich kommt. Ebenso halte es in Bezug auf Kinder, Weib, Ämter und Reichtum; dann wirst du einst ein würdiger Tischgenosse der Götter sein. – Wenn du aber selbst von dem, was dir vorgelegt wird, nichts annimmst, sondern darüber wegsiehst, so wirst du nicht bloß mit den Göttern zu Tische sitzen, sondern auch mit herrschen. So handelten Diogenes und Heraklit und ihresgleichen, und deshalb waren und hießen sie mit Recht göttliche Menschen.

Spare das Mitleiden

(XVI.) Wenn du jemand weinen siehst aus Betrübnis, entweder weil sein Sohn in die Fremde gegangen ist, oder weil er das Seinige verloren hat, so gib Achtung, dass dich nicht die Vorstellung hinreiße, als sei jener im Unglück durch äußere Ursachen; sondern sprich nur sogleich: jenen drückt nicht das Begegnis selbst, – einen andern drückt es ja auch nicht, – sondern was er sich darunter vorstellt. Zögere zwar nicht, dich wenigstens in deinen Worten nach ihm zu richten, und wenn es sich gerade schickt, auch mit ihm zu seufzen. Hüte dich aber, dass du nicht auch innerlich mit seufzest.

Vom Schauspieler lerne!

(XVII.) Bedenke, dass du Schauspieler bist in einem solchen Stück, wie es eben dem Dichter beliebt; ist es kurz, in einem kurzen; ist es lang, in einem langen. Will er, dass du einen Bettler vorstellen sollst, so stelle auch einen solchen naturgetreu dar. Ebenso einen Lahmen, einen Herrscher, einen gemeinen Mann. Deine Sache ist es nämlich, die Rolle, welche dir übertragen worden ist, gut zu spielen; sie anzuwählen, Sache eines Andern.

Böses nimm auch für gut

(XVIII.) Wenn ein Rabe durch sein Krächzen Unheil verkündet, so lass dich nicht von der Vorstellung hinreißen; sondern unterscheide sogleich bei dir selbst und sprich: keines von diesen Vorzeichen gilt mir; sondern entweder meinem elenden Leib, oder meinen paar Pfennigen, oder meinem bisschen Reputation, oder meinen Kindern, oder meinem Weibe. Mir selbst aber wird lauter Glück geweissagt, sofern ich nur will; denn was immer von jenen Dingen sich ereignen mag, es steht bei mir, Nutzen daraus zu ziehen.

Sicherer Sieg

(XIX.1) Du kannst unüberwindlich sein, wenn du dich in keinen Kampf einlässt, in welchem es nicht in deiner Macht steht, obzusiegen.

Geistesfreiheit

(XIX.2) Wenn du einen hoch geehrten, oder vielvermögenden, oder sonst angesehenen Mann siehst, so hüte dich, dass du nicht, von der Vorstellung hingerissen, ihn glücklich preisest. Denn wenn das wahre Gut in den Dingen besteht, welche in unsrer Gewalt sind, so findet weder Neid noch Eifersucht Raum; und du selbst wirst nicht Heerführer, oder Ratsherr, oder Konsul sein wollen, sondern frei. Dazu führt nur ein Weg: – Verachtung der Dinge, die nicht in unsrer Gewalt sind.

Langsam zum Zorn!

(XX.) Bedenke, dass nicht derjenige dich kränkt, welcher dich schmäht, oder schlägt; sondern die Meinung, als liege darin etwas Kränkendes. Wenn dich also jemand ärgert, so wisse, dass dich deine Meinung geärgert hat. Deshalb versuche es vor allem, dich nicht von der Vorstellung hinreißen zu lassen. Hast du nur einmal Zeit und Aufschub gefunden, so wirst du dich umso leichter beherrschen.

Der Tod der Lüste

(XXI.) Tod und Verbannung und Alles, was als schrecklich erscheint, soll dir täglich vor Augen schweben, am meisten aber der Tod; so wirst du nie weder an etwas Gemeines denken, noch etwas allzu heftig begehren.

Lass die Spötter spotten!

(XXII.) Du willst ein Philosoph sein. Mache dich von Stund an darauf gefasst, dass man dich auslacht, dass dich viele verspotten und sagen: Er ist plötzlich als Philosoph zu uns zurückgekommen; und weshalb trägt er seinen Kopf gegen uns so hoch? – Du sollst aber den Kopf nicht hoch tragen; sondern was dir das Beste zu sein dünkt, das halte fest, gerade so, als ob du von Gott selbst auf diesen Posten gestellt worden wärest; und bedenke, dass dich, wenn du immer auf dem Gleichen beharrst, diejenigen, welche dich zuerst verlacht haben, zuletzt bewundern werden. Lässt du dich aber von ihnen besiegen, so wirst du zwiefältigen Spott ernten.

Nach innen schau!

(XXIII.) Wenn es dir einmal begegnet, dass du dich nach außen wendest, in der Absicht, irgendeinem zu gefallen, so wisse, dass du deine innere Stellung verloren hast. Es genüge dir also durchaus, ein Philosoph zu sein. Willst du aber auch (von jemand) dafür angesehen sein, so sieh dich selbst dafür an. Dies vermagst du.

Tugend verloren – Alles verloren!

(XXIV.) 1. Gedanken, wie die folgenden, lass dich nicht anfechten: Ich soll in Schande leben, und als der Garnichts auf der Gotteswelt. Denn wenn die Schande ein Übel ist, so kann dir das Übel ebenso wenig durch einen andern aufgenötigt werden, als etwas sittlich Schlechtes. Ist es etwa dein eigen Werk, mit einem Amte bekleidet, oder zur Tafel gezogen zu werden? Keineswegs. Wie könnte also das eine Schande sein? Und in wiefern wirst du der Garnichts sein, da du doch nur in den Dingen etwas sein sollst, in welchen es ganz bei dir steht, dich aufs höchste auszuzeichnen?

2. Aber du wirst deine Freunde ohne Unterstützung lassen müssen? – Was soll das heißen: ohne Unterstützung? – Sie werden kein Geld von dir bekommen; du wirst ihnen das römische Bürgerrecht nicht verschaffen können? – Wer hat dir denn gesagt, dass dies zu den Dingen gehöre, die in unsrer Gewalt sind, und nicht vielmehr etwas sei, das uns fremd ist? – Wer kann einem andern geben, was er selbst nicht hat?

3. So erwirb, heißt es jetzt, dass wir auch etwas haben! – Wenn ich erwerben kann ohne Verletzung des Ehrgefühls, der Treue und der großherzigen Gesinnung, so zeige mir den Weg, und ich will es tun. Wenn ihr mir aber zumutet, ich soll die Güter, die mir selbst gehören, verlieren, damit ihr erlanget, was kein Gut ist, so erkennet doch, wie unbillig ihr seid, und wie unverständig. Was wollet ihr denn lieber? Geld, oder einen treuen und ehrliebenden Freund? – So verhelfet mir doch lieber zu dem Letzteren, und mutet mir nicht zu, etwas zu tun, wodurch ich eben dies verlieren müsste.

4. Aber das Vaterland, sagt man, wird, wenigstens von mir, keine Unterstützung haben. Ich frage: wieso keine Unterstützung? – Es wird keine Säulengänge und keine Bäder durch dich bekommen. Und was liegt daran? Bekommt es doch auch keine Schuhe vom Schmied, und keine Waffen vom Schuster. – Es genügt aber, wenn jeder sein Werk recht tut. Wenn du ihm einen andern zu einem treuen und ehrenhaften Bürger heranbildest, hast du ihm dann nichts genützt? – Ja doch! Also wärest doch auch du nicht so ganz ohne Nutzen für dasselbe!

5. Welche Stellung werde ich nun im Staate einnehmen? so fragt man. Diejenige, welche du einnehmen kannst, ohne dass du aufhören musst, beides, ein treuer und ein ehrliebender Mensch zu sein. Wirfst du aber dieses von dir, um dem Staate zu nützen, welchen Nutzen hätte er wohl von dir, wenn du ehr- und treulos geworden wärest? –

Verkaufst du deine Freiheit um ein Linsengericht?

(XXV.) 1. Einem andern ist beim Gastmahl, oder beim Grüßen, oder beim Herbeiziehen zu einer Beratung mehr Ehre widerfahren, als dir? Wenn dies ein Gut ist, so sollst du dich freuen, dass jener andere es erlangt hat. Ist es aber ein Übel, so klage nicht, dass es dich nicht betroffen hat. Bedenke übrigens, dass du nicht denselben Lohn ansprechen kannst, wenn du nicht dasselbe tust, um die Dinge zu erlangen, die nicht in unsrer Gewalt sind.

2. Denn wie kann derjenige, welcher einem andern keine Aufwartung macht, so viel bekommen, wie der, welcher sie macht? oder der, welcher nicht im Gefolge mitgeht, so viel wie der, welcher mitgeht, und welcher nicht lobt, so viel wie der, welcher lobt? Du bist also ungerecht und ungenügsam, wenn du, ohne den Preis zu bezahlen, um welchen man jene Dinge verkauft, sie umsonst erlangen willst.

3. Wie teuer verkauft man den Lattich? Ungefähr um einen Groschen. Wenn nun einer den Groschen bezahlt, und Lattich dafür bekommt, du aber bezahlst nichts, und bekommst nichts, so glaube nicht, dass du weniger habest, als der, welcher etwas bekommen hat. Denn wie jener den Lattich, so hast du den Groschen, den du nicht ausgegeben hast.

4. Ganz ebenso auch hier. Es hat dich einer nicht zur Mahlzeit eingeladen. Du hast eben dem Wirt den Preis nicht bezahlt, um den er sein Gastmahl verkauft. Er verkauft es aber für Lob; er verkauft es für Aufwartung. Bezahle also den Preis, um den es feil ist, wenn es dir taugt. Willst du ihn aber nicht bezahlen, und doch jenes erlangen, so bist du unersättlich und unverständig.

5. Hast du nun nichts zum Ersatz für das Gastmahl? – Das hast du, dass du den nicht zu loben brauchtest, welchen du nicht loben wolltest, und dass du dir nichts gefallen lassen musstest von seinen Türstehern.

Der Wille der Natur

(XXVI.) Der Wille der Natur lässt sich erkennen aus dem, worüber keine Meinungsverschiedenheit unter uns herrscht. Z.B. wenn der Sklave eines andern ein Trinkglas zerbricht, so sind wir gleich bereit zu sagen: so geht es eben. – Wisse nun, dass du, wenn das deinige ebenfalls zerbricht, dich ebenso betragen musst, wie wenn das des andern zerbricht.

Hiervon mache nun die Anwendung auch auf Wichtigeres. Eines anderen Kind oder Weib ist gestorben. Da ist keiner, der nicht spräche: »So geht's in der Welt.« Stirbt aber einem sein eigenes, gleich ruft er: »Oh weh mir! Ich Armer!« Man sollte aber sich erinnern, welchen Eindruck es auf uns macht, wenn wir dasselbe von einem andern hören.

Wem es gilt, den trifft's

(XXVII.) Gleichwie ein Ziel nicht zum Verfehlen aufgesteckt wird, so auch nicht die Natur des Übels in der Welt.

Körper und Geist

(XXVIII.) Wenn jemand deinen Körper jedem, der dir begegnet, preisgäbe, so würdest du es übel aufnehmen. Dass aber du selbst deinen Geist dem nächsten Besten preisgibst, so dass er in Aufregung und Verwirrung gerät, wenn man dich schilt, – schämst du dich dessen nicht?

Vorbedacht – Nachgetan!

(XXIX.) 1. Bei allem, was du tun willst, achte auf das, was vorangeht, und was nachfolgt, und so mache dich daran. Wo aber nicht, so wirst du wohl anfangs lustig daran gehen, weil du nicht bedacht hast, was nachkommt; hernach aber, wenn sich etliche Schwierigkeiten zeigen, wirst du mit Schanden davon gehen.

2. Du willst in Olympia siegen? – Auch ich, bei den Göttern! denn das bringt Ehre. Aber achte auf das, was vorangeht, und was nachfolgt; dann greife das Werk an. Du musst geordnet leben, nach

Vorschrift essen, der Leckerbissen dich enthalten, dich üben nach fester Regel, zur vorgeschriebenen Stunde, in Hitze und Kälte; nichts Kaltes trinken, keinen Wein zur beliebigen Zeit; kurz, du musst dich dem Lehrmeister wie einem Arzt übergeben. Sodann beim Kampfe selbst musst du dich mit Sand überschütten lassen. Möglich ist es auch, dass du dir die Hand verzerrst, den Knöchel verrenkst, und vielen Staub schluckst; möglich, dass du durchgeprügelt, und nach allem diesem noch besiegt wirst.

3. Das überlege wohl, und wenn du dann noch Lust hast, so gehe zum Kampf. Wo nicht, so wirst du dich wie die Kinder betragen, welche bald die Rolle eines Ringers spielen, bald die eines Fechters, das eine Mal Trompeten blasen, dann wieder ein Schauspiel aufführen. So auch du! Bald bist du ein Athlet, bald ein Fechter, dann ein Rhetor[11], dann ein Philosoph, aber nichts von ganzer Seele; sondern wie ein Affe ahmst du jeden Auftritt, den du siehst, nach; und bald gefällt dir dies, bald das. Denn du bist nicht mit Überlegung an eine Sache gegangen, und nicht mit Umsicht, sondern auf Geratewohl, und mit frostigem Interesse.

4. So wollen manche Leute, wenn Sie einen Philosophen gesehen haben, oder wenn sie jemand reden hörten, wie Euphrates redet (und doch: wer kann so reden, wie er?), selbst auch Philosophen sein.

5. Oh Mensch, zuerst überlege, wie die Sache beschaffen ist; dann prüfe auch deine eigene Natur, ob dir die Last nicht zu schwer ist. Willst du ein Pentathlet[12] sein, oder nur ein Ringer? Betrachte deine Arme, deine Schenkel, prüfe deine Hüften; denn der eine ist von Natur zu diesem, der andere zu anderem bestimmt.

6. Glaubst du, du könnest, während du solche Dinge treibst, ebenso viel essen, ebenso viel trinken, eben solche Begierden haben, und

---

[11] *Rhetor: Bei den antiken Griechen ein Redner oder – als Theoretiker – ein Lehrer der Beredsamkeit*

[12] *Pentathlet: Das Pentathlon war eine athletische Disziplin bei den Olympischen Spielen der Antike. Der Name leitet sich ab vom griechischen Ausdruck ›Fünf Wettkämpfe‹: Speer, Diskus, Sprung, Lauf und Ringen*

ebenso missvergnügt sein? Wachen muss man, und sich anstrengen, sich von den Hausgenossen zurückziehen, sich von einem Sklaven verachten, und von den Vorübergehenden auslachen lassen, und in allem zurückstehen, in der Achtung, im Amt, im Gericht und in jedem Geschäftchen.

7. Das überlege dir, ob du um diesen Preis Gelassenheit, Freiheit und Gemütsruhe eintauschen willst; wo aber nicht, so verzichte darauf. Sei du nicht, wie die Kinder, jetzt ein Philosoph, hernach ein Zolleinnehmer, sodann ein Rhetor, und zuletzt ein kaiserlicher Prokurator. Diese Dinge passen nicht zusammen. Ein Mensch aus einem Guss musst du sein, entweder ein guter, oder ein schlechter. Entweder musst du den herrschenden Teil deiner selbst ausbilden, oder die äußere Seite, entweder auf das Innere deine Kunst verwenden, oder auf das Äußere; d.h. entweder die Stellung eines Philosophen, oder die eines gewöhnlichen Menschen einnehmen.

Sittengesetz und Naturgesetz

(XXX.) Die Pflichten sind so ziemlich überall den Verhältnissen angemessen. Es ist einer Vater: Die Pflicht gebietet, ihn zu pflegen, ihm in allem nachzugeben, sein Schimpfen, seine Schläge geduldig hinzunehmen.

Aber der Vater ist ein schlechter Mensch! – Knüpfen dich denn die Bande der Natur an einen guten Vater? Nein, sondern an einen Vater. –

Dein Bruder handelt ungerecht. Behalte Obigem zufolge dein Verhältnis zu ihm im Auge und sieh nicht auf das, was jener tut, sondern wie dein Grundsatz beschaffen sein muss, wenn du naturgemäß handeln willst. Denn ein anderer kann dir nicht schaden, wenn du nicht willst. Dann aber wirst du im Schaden sein, wenn du meinst, du werdest beschädigt.

Ebenso kannst du nun auch vom Nachbar, vom Bürger, vom Feldherrn herausfinden, was (für ihn) Pflicht ist, wenn du dich gewöhnst, die Verhältnisse zu berücksichtigen.

Weisheit und Frömmigkeit

(XXXI.) 1. Die Hauptsache in der Frömmigkeit, musst du wissen, ist dies, dass man richtige Vorstellungen von den Göttern habe, nämlich, dass es Götter gebe, und dass sie alles gut und gerecht regieren, dass sie dir die Bestimmung gegeben haben, ihnen zu gehorchen, und dich in alles, was geschieht, zu schicken, und willig zu folgen, weil es ja in bester Absicht geschieht. So wirst du niemals die Götter tadeln, noch sie beschuldigen, als bekümmern sie sich nichts um dich.

2. Anders aber kann dies gar nicht geschehen, als bis du die Begriffe Gut oder Übel von denjenigen Dingen lostrennst, welche nicht in unserer Gewalt sind, und sie ausschließlich in dasjenige verlegst, was in unserer Gewalt ist. Denn sobald du etwas von den Ersteren für ein Gut oder für ein Übel ansiehst, kann es nicht anders sein, als dass du diejenigen anklagst und hassest, welche schuld daran sind, dass dir etwas entgeht, was du dir wünschest, oder dass dir etwas widerfährt, was du nicht wünschest.

3. Denn es ist allem, was da lebt, angeboren, das, was ihm schädlich vorkommt, samt seiner Ursache zu fliehen und zu meiden, das Nützliche aber samt seiner Ursache zu begehren und zu bewundern. Unmöglich kann einer, der im Schaden zu sein glaubt, an dem, was ihm schädlich scheint, eine Freude haben, wie es auch unmöglich ist, sich zu freuen über den Schaden selbst.

4. Deshalb wird selbst ein Vater von seinem Sohne geschmäht, wenn er seinem Kinde nichts von den Dingen mitteilt, die man für Güter hält. Auch den Polynikes und Eteokles[13] entzweite eben das, dass sie die Alleinherrschaft für etwas Gutes hielten. Aus demselben Grunde flucht der Bauer über die Götter, aus demselben der Schiffer, aus demselben der Kaufmann, aus demselben diejenigen, welche Weib und Kind verlieren. Denn so weit ihr Nutzen reicht, reicht auch ihre Frömmigkeit. – Wer also sich befleißigt, nur das zu begehren und zu meiden, was er soll, der befleißigt sich eben damit auch der Frömmigkeit.

---

[13] *Polynikes und Eteokles: In der griechischen Mythologie Söhne des Ödipus und der Iokaste oder der Euryganeia. Weitere Geschwister sind Antigone und Ismene*

5. Pflicht ist es übrigens in jedem Fall, Trankopfer und Brandopfer und Erstlingsgaben darzubringen nach väterlicher Weise, mit reinem Sinn und nicht gedankenlos, auch nicht gleichgültig; weder kärglich, noch auch über Vermögen.

Die Orakel und das Gewissen

(XXXII.) 1. Wenn du zum Orakel gehst, so erinnere dich, dass du nicht weißt, was geschehen wird, sondern dass du kommst, um es von dem Seher zu erfahren. Wie aber eine Sache beschaffen ist, das weißt du schon beim Kommen, wenn du ein Philosoph bist. Ist es nämlich etwas von den Dingen, die nicht in unsrer Gewalt sind, so kann es schlechterdings weder ein Gut, noch ein Übel sein.

2. Du sollst also zum Seher weder Begierde, noch Widerwillen mitbringen. Auch gehe nicht mit Angst zu ihm, sondern als einer, der weiß, dass alles, was da kommen mag, gleichgültig ist, und nichts, das dich anginge. Wie es aber auch sein mag, man wird einen guten Gebrauch davon machen können; und das kann dir niemand wehren.

Guten Muts also, wie vertrauen Ratgebern, nahe dich den Göttern; und im Übrigen, wenn du Rat empfangen hast, so erinnere dich, wer die sind, die du zu Beratern angenommen hast, und wem du ungehorsam wirst, wenn du nicht folgst.

3. Gehe aber, nach dem Rat des Sokrates, nur wegen solcher Dinge zum Orakel, die nach allem Betracht eine Beziehung auf die Zukunft haben, und bei welchen weder die Vernunft, noch ein anderes Mittel eine Möglichkeit darbietet, zu erkennen, was bevorsteht.

Wenn du also einem Freund, oder dem Vaterland in der Gefahr beistehen sollst, so frage nicht den Seher, ob du ihnen beistehen sollst. Denn wenn dir auch der Seher sagt, dass die Opferzeichen schlimm ausgefallen seien, so bedeutet dies zwar augenscheinlich den Tod, oder Verstümmelung eines Glieds an unserem Leibe, oder Verbannung; aber die Vernunft gebietet trotz alledem, dem Freunde beizustehen, und mit dem Vaterlande die Gefahr zu teilen.

Folge also dem höheren Seher, dem pythischen[14] Gott, welcher den aus dem Tempel hinauswarf, der seinem Freunde nicht zu Hilfe kam, als man ihr mordete.

---

[14] *pythisch: rätselhaft, orakelhaft*

Vorbild und Nachfolge

(XXXIII.1) Stelle dir ein Muster und Vorbild auf, und lebe ihm nach, sowohl wenn du allein bist, als wenn du unter die Leute kommst.

Schweigen, Reden und Lachen

(XXXIII.2) Auch schweige man meistens oder spreche nur, so viel nötig, und mit wenigen Worten. Bisweilen aber, wenn die Umstände zum Reden auffordern, sollst du reden; aber nicht von jenen alltäglichen Dingen, nicht von Fechterspielen, nicht von Pferderennen, nicht von den Athleten, nicht von Essen und Trinken, wovon man allerorten redet, besonders aber nicht von Personen, weder tadelnd, noch lobend, noch vergleichend.

3. Wenn es nun in deiner Macht steht, so lenke durch deine Reden auch die der Mitanwesenden auf das Schickliche. Stehst du aber zufällig unter Fremden allein, so schweige.

4. Lache nicht viel, und nicht über Vieles, und nicht ausgelassen.

Vom Eid

(XXXIII.5) Den Eid verweigere, wenn es angeht, ganz; wo aber nicht, doch so viel als möglich.

Böse Gesellschaft

(XXXIII.6) Gastmähler bei Fremden und bei ungebildeten Leuten schlage aus. Kommt aber der Fall einmal vor, so mache es dir zum Gesetz, wohl aufzumerken, dass du nicht unversehens in Gemeinheit versinkest. Denn wisse: wenn einer einen unflätigen Menschen zum Kameraden hat, so muss er, der sich mit ihm einlässt, ebenfalls besudelt werden, auch wenn er selbst vielleicht rein ist.

Einfacher Sinn

(XXXIII.7) In Bezug auf das Leibliche versieh dich nicht weiter, als mit dem schlechthin notwendigen Bedarf an Speise, Trank, Kleidung, Obdach, Dienerschaft. Was aber zum Gepränge, oder zum Luxus gehört, schneide völlig ab.

Keuschheit

(XXXIII.8) In Bezug auf geschlechtlichen Umgang halte dich vor der Ehe so keusch als möglich. Wer sich aber damit befassen will, genieße ihn, wie es gesetzlich erlaubt ist. Du aber sei nicht unbillig gegen die, welche Gebrauch davon machen, und verdamme sie nicht. Auch führe es nicht bei jeder Gelegenheit an, dass du dich dessen enthaltest.

Wie man dem Lästerer das Maul stopft

(XXXIII.9) Wenn dir jemand hinterbringt, dass der oder jener Schlimmes von dir rede, so verteidige dich nicht gegen das Gesagte, sondern antworte: Der wusste also nichts von meinen übrigen Fehlern, sonst würde er wohl nicht bloß von diesen gesprochen haben.

Sei ein kühler Beobachter

(XXXIII.10) Oft in das Theater zu gehen, ist nicht notwendig. Kommst du aber zufällig einmal dahin, so lass niemand, als dich selbst, merken, dass du innerlich Anteil nimmst, d.h. wünsche, dass nur das geschehe, was geschieht, und nur der siege, welcher siegt; denn auf diese Weise wird dir alles nach Wunsch gehen. Des Schreiens aber und Beifall-Zulachens, oder häufiger Mitbewegungen enthalte dich gänzlich. Nach dem Weggehen unterhalte dich nicht viel über das Vorgekommene, soweit es nicht zu deiner Besserung beiträgt. Denn hierdurch gewönne es den Anschein, als habest du das Schauspiel bewundert.

Verschiedene Verhaltungsregeln

a) Über den Besuch öffentlicher Vorlesungen

(XXXIII.11) Zu den Vorträgen gewisser Leute gehe nicht ohne Ursache oder leichtsinnig hin. Gehst du aber hin, so beobachte ein würdevolles, festes, und doch nicht abstoßendes Betragen.

b) Über den Verkehr mit Vornehmen

(XXXIII.12) Wenn du im Begriff stehst, dich mit jemand in ein Gespräch einzulassen, besonders mit einem von denen, welche für sehr vornehm gelten, so stelle dir vor, was in diesem Fall Sokrates oder Zeno[15] getan hätte, und du wirst nicht verfehlen, dich den Umständen angemessen zu betragen.

13. Wenn du zu einem großen Herrn gehst, so stelle dir vor, du werdest ihn nicht zu Hause treffen, man werde vor dir verriegeln, man werde dir die Türen vor der Nase zuschlagen, er werde sich nichts um dich bekümmern. Ist es bei alledem deine Pflicht, hinzugehen, so gehe hin, und ertrage, was kommt, und sprich nie bei dir selbst: es war nicht der Mühe wert. Denn das wäre gemein, und hieße sich ärgern über äußerliche Dinge.

c) In Gesellschaft

(XXXIII.14) In Gesellschaften vermeide man es, seiner eigenen etwaigen Taten oder Abenteuer häufig und maßlos zu gedenken. Denn nicht ebenso angenehm, als es dir ist, deiner Abenteuer zu gedenken, ist es den andern, zu hören, was dir zugestoßen ist.

15. Auch sei es ferne von dir, Lachen zu erregen; denn das ist ein Betragen, das sehr leicht in Gemeinheit übergeht, und zugleich kann es die Wirkung haben, die Achtung deiner Nebenmenschen vor dir zu mindern.

16. Gefährlich ist es auch, es bis zu garstigen Reden kommen zu lassen. Wenn nun etwas derart geschieht, so gib, wenn es die Umstände erlauben, dem, der so weit gegangen ist, eine Zurechtweisung. Wo nicht, so zeige wenigstens durch Schweigen, durch Erröten und durch eine tiefernste Miene dein Missfallen an der Rede.

---

[15] *Zenon von Kition (ca. 333-262 v. Chr.), auch Zenon der Jüngere genannt, war ein hellenistischer Philosoph und Begründer der Stoa*

Der Wahn ist kurz, die Reu' ist lang

(XXXIV.) Wenn du die Vorstellung irgendeiner sinnlichen Lust in dich aufnimmst, so hüte dich, wie auch in andern Dingen, dass du nicht von ihr hingerissen werdest; sondern lass die Sache auf dich warten, und nimm dir längere Zeit dazu. Alsdann vergegenwärtige dir die beiden Momente, sowohl denjenigen, da du die Lust genießen, als denjenigen, da du hernach, wenn der Genuss vorüber ist, Reue fühlen, und dir selbst Vorwürfe machen wirst. Und dem stelle nun gegenüber, wie du dich freuen und dich selbst loben wirst, wenn du enthaltsam gewesen bist. Wenn es dir aber schicklich scheint, dich mit der Sache zu befassen, so gib wohl Achtung, dass dich nicht das Reizende, Angenehme und Verführerische derselben überwinde, sondern stelle dir vielmehr vor, wie viel wohler dir das Bewusstsein tun muss, einen solchen Sieg erkämpft zu haben.

Tue recht, scheue niemand

(XXXV.) Wenn du etwas tust, wovon du dich überzeugt hast, dass es getan werden muss, so vermeide es nie, gesehen zu werden, während du es tust, auch wenn der große Haufen anderer Meinung darüber sein sollte. Denn, ist es unrecht, was du tust, so meide die Tat selbst: ist es aber recht, was fürchtest du dich vor denen, die es unrecht schelten wollen?

Tischregel

(XXXVI.) Wie die Sätze: »Es ist Tag« und »Es ist Nacht« zwar vortrefflich zu einem disjunktiven[16] Urteil, dagegen zu einer Konjunktion gar nichts taugen, so mag es auch für den Körper einen großen Wert haben, wenn man sich die größte Portion herausnimmt; aber zur geziemenden Beobachtung der gesellschaftlichen Pflichten beim Gastmahl trägt es nichts bei. Wenn du nun bei einem andern zu Gast geladen bist, so vergiss nicht, dass man nicht bloß darauf sehen darf, welchen Wert das Aufgetragene für den Leib hat, sondern dass man auch die Schicklichkeit gegenüber dem Wirt beobachten muss.

---

[16] *disjunktiv: Einander ausschließend, aber zugleich eine Einheit bewirkend; z. B. das ausschließende Bindewort ›oder‹*

Ne sutor ultra crepidam![17]

(XXXVII.) Wenn du eine Rolle übernimmst, welcher du nicht gewachsen bist, so wirst du sowohl in dieser zu Schanden werden, als auch jene, die du hättest ausfüllen können, vernachlässigen.

Vorsichtig wandeln

(XXXVIII.) Wie du dich beim Gehen wohl hütest, in einen Nagel zu treten, oder den Fuß zu verrenken, so hüte dich auch, den herrschenden Teil deiner selbst zu beschädigen; und wenn wir dies bei jeder Handlung beobachten, so werden wir umso sicherer zu Werk gehen.

Maß halten

(XXXIX.) Einem jeden dient sein Leib als Maßstab für den Besitz, wie der Fuß für den Schuh. Wenn du dabei stehen bleibst, so wirst du Maß halten. Gehst du aber darüber hinaus, so wirst du unfehlbar vollends wie von einer steilen Höhe heruntergerissen werden. Gerade wie mit dem Schuh! Willst du auf größerem Fuß leben, so kommt zuerst ein vergoldeter Schuh, dann ein purpurner, dann ein gestickter. Denn was einmal über das Maß hinaus ist, hat keine Grenze mehr.

Der Schmuck der Frauenzimmer

(XL.) Die Frauenzimmer werden sogleich vom vierzehnten Jahre an von den Männern Herrinnen genannt. Wenn sie nun sehen, dass sie kein anderes Verdienst haben, als dass sie bei den Männern wohnen, so fangen sie an, sich zu putzen, und hierauf alle ihre Hoffnungen zu setzen. Es wäre nun wohl der Mühe wert, sie merken zu lassen, dass man sie nur dann ehren wolle, wenn sie sich bescheiden und sittsam aufführen.

---

[17] *Ne sutor supra crepidam!: Lateinisch wörtlich: ›Schuster, nicht über die Sandale hinaus!‹ Entspricht: ›Schuster bleib bei deinen Leisten!‹*

Der Unedle

(XLI.) Es ist das Merkmal einer gemeinen Natur, wenn Einer bei körperlichen Dingen lange verweilt, z.B. lange turnt, lange isst, lange trinkt, lange abseits geht, lange beim Weibe bleibt. Solches sollte man vielmehr nur nebenher tun; auf den Geist dagegen verwende man seine ganze Sorgfalt.

Wer hat den Schaden?

(XLII.) Wenn dich jemand schlimm behandelt, oder Schlimmes von dir redet, so bedenke, dass er es tut oder redet in der Meinung, er sei im Recht. Es ist nun nicht möglich, dass er dem folge, was du für richtig hältst, sondern dem, was er dafür hält. Wenn nun seine Meinung falsch ist, so hat er den Schaden, sofern er sich in einer Täuschung befindet. Denn wenn einer eine richtige Satzverbindung für falsch hält, so schadet dies der Satzverbindung nichts, sondern dem, welcher sich geirrt hat. Davon ausgehend wirst du dich gegen den Lästerer sanftmütig betragen. Denke nur jedes Mal: er war der Meinung usw.

Zweierlei Handhaben

(XLIII.) Jedes Ding hat zwei Handhaben, eine zum Anfassen, die andere nicht zum Anfassen. Wenn nun dein Bruder Unrecht (an dir) tut, so nimm die Sache nicht von der Seite, dass er Unrecht tut; denn das ist nicht ihre anfassbare Handhabe, vielmehr von der, dass er dein Bruder ist, dass er mit dir auferzogen worden ist. Das heißt die Sache da nehmen, wo sie anfassbar ist.

Schlechte Logik – schlechte Moral

(XLIV.) Folgende Schlüsse sind nicht richtig: »Ich bin reicher, als du, somit besser, als du«; – »ich bin beredter, als du, somit besser, als du«. – Richtiger sind die folgenden: »Ich bin reicher, als du, somit ist mein Besitz mehr wert, als der deinige«; »ich bin beredter, als du, somit ist meine Ausdrucksweise besser, als die deinige«. Du selbst aber bist weder Besitz, noch Ausdrucksweise.

Urteile nicht vorschnell!

(XLV.) Es badet einer zu frühe; sage nicht: er tut unrecht, sondern: er badet zu frühe. Es trinkt einer viel Wein; sage nicht: er tut Unrecht, sondern: er trinkt viel. Denn ehe du die Absicht kennst, woher weißt du, ob er Unrecht tut?

So wird es dir nicht begegnen, dass die innere Überzeugung, welche du gewonnen hast, etwas anderes enthalte, als die handgreifliche sinnliche Wahrnehmung.

Anspruchslosigkeit

(XLVI.1) Niemals nenne dich selbst einen Philosophen. Auch sprich unter Laien nicht viel von den Lehrsätzen der Wissenschaft, sondern handle nach denselben. So sprich z.B. bei der Mahlzeit nicht davon, wie man essen soll, sondern iss, wie man essen soll.

Erinnere dich, dass auf diese Weise Sokrates alles sich zur Schau stellen von sich abgelegt hat. Es kamen sogar Leute zu ihm, welche von ihm den Philosophen vorgestellt sein wollten, und er führte sie hin. So leicht ertrug er es, übersehen zu werden.

Werke sind besser als Worte

(XLVI.2) Wenn man unter Laien auf einen Satz aus der Wissenschaft zu sprechen kommt, so schweige in der Regel. Denn die Gefahr ist groß, dass du sofort wieder ausspeiest, was du noch nicht verdaut hast. Und wenn jemand zu dir sagt, du wissest nichts, und es beißt dich nicht, so wisse, dass du bereits einen Anfang in der Sache gemacht hast. Denn auch die Schafe tragen nicht das Gras her, um den Hirten zu zeigen, wie viel sie fressen, sondern verdauen das Futter inwendig; auswendig aber geben sie Wolle und Milch. So stelle auch du nicht deine Wissenschaft vor den Laien zur Schau, sondern, wenn du sie verdaut hast, die Werke.

Wahre und falsche Askese

(XLVII.) Wenn du hinsichtlich deines Körpers an Einfachheit gewöhnt bist, so bilde dir darauf nichts ein. Auch sprich nicht, wenn du Wasser trinkst, bei jeder Gelegenheit: ich trinke Wasser. Und willst du dich einmal üben in anstrengender Arbeit, so tu' es für dich, und nicht vor Fremden. Umarme nicht die Bildsäulen, sondern wenn dich einmal heftig dürstet, so nimm frisches Wasser in den Mund, und speie es wieder aus, und sage es niemand.

Ein echter Jünger der Weisheit

(XLVIII.1) Der Standpunkt und das Kennzeichen eines gewöhnlichen Menschen ist dies: er erwartet niemals von sich selbst Nutzen oder Schaden, sondern von äußerlichen Dingen; der Standpunkt und das Kennzeichen eines Philosophen: er erwartet allen Nutzen und Schaden von sich selbst.

2. Kennzeichen eines Fortschreitenden sind: er tadelt niemand, er lobt niemand, er beschuldigt niemand, er klagt niemand an, er spricht nicht von sich selbst, als sei er etwas, oder als wisse er etwas. Ist ihm etwas beschwerlich, oder hinderlich, so klagt er sich selbst an. Lobt ihn jemand, so lacht er bei sich selbst über den, der ihn lobt, und wenn er getadelt wird, so verteidigt er sich nicht. Er geht einher, wie die Kranken und fürchtet sich, etwas, das kaum erst eingerichtet worden ist, zu bewegen, ehe es Festigkeit erlangt hat.

3. Die Begierde hat er ganz aus sich entfernt, den Widerwillen aber nur auf das gelenkt, was der Natur der Dinge zuwiderläuft, die in unsrer Gewalt sind. Von dem Trieb macht er in allem nur mäßigen Gebrauch. Ob man ihn auch für dumm oder unwissend hielte, er achtet es nicht; und, um es kurz zu sagen, er bewacht sich selbst wie einen Feind, und wie einen, der ihm Netze stellt.

Seid Täter des Worts!

(XLIX.) Wenn sich einer groß macht, dass er die Schriften des Chrysippus[18] verstehe und auslegen könne, so sprich du bei dir selbst: Hätte Chrysippus nicht unklar geschrieben, so hätte dieser nichts, womit er sich groß machen könnte. Ich aber, was will ich? Die Natur kennen lernen, und ihr folgen. Ich frage nun, wer legt sie mir aus? und wenn ich höre: Chrysippus, so gehe ich zu ihm. Aber ich verstehe seine Schriften nicht. Ich suche also einen Ausleger,

---

[18] *Chrysippus von Soloi, (ca. 281-208 v. Chr.): Griechischer Philosoph, der nach dem Tod seines Lehrers Kleanthes Schuloberhaupt der Stoa wurde und sie als einer ihrer bedeutendsten Vertreter erneuerte.*

und bis dahin ist gar nichts Großes an der Sache. Wenn ich aber den Ausleger gefunden habe, so bleibt noch übrig die Anwendung der Gebote im Leben. Diese Letztere allein ist etwas Großes. Bewundere ich aber das Auslegen an sich, was bin ich zuletzt anders, als ein Grammatiker, anstatt ein Philosoph? – Mit dem Unterschied jedoch, dass ich statt des Homer den Chrysipp auslegen kann! – umso mehr werde ich also erröten müssen, wenn jemand zu mir sagt: lies mir den Chrysippus vor, und ich bin nicht im Stand, den Worten ähnliche und entsprechende Taten aufzuweisen.

Die Stimme der Weisheit ist Gottes Stimme

(L.) Alles Vorgetragene beobachte wie Gesetze, und als begingest du eine Gottlosigkeit, wenn du es überträtest. Was man aber auch über dich sagen möge, kehre dich nicht daran; denn dies ist nicht mehr deine Sache.

Wann wirst du weise werden?

(LI.1) Wie lange willst du es noch aufschieben, dich der besten Güter wert zu achten, und in nichts den Aussprüchen der Vernunft zuwider zu handeln? Du hast die Lehrsätze vernommen, nach welchen du dich richten solltest, und hast du dich danach gerichtet? Auf welchen Lehrmeister wartest du denn noch, um ihm das Werk deiner Besserung zu übertragen? Du bist kein Knabe mehr, sondern bereits ein Mann in reifem Alter. Wenn du auch jetzt noch fahrlässig und leichtsinnig bist, immer einen Aufschub um den andern machst, und immer wieder neue Tage festsetzest, nach deren Verfluss du für dich selbst Sorge tragen willst, so wirst du, ohne es zu merken, hintenan bleiben, und bis an's Ende ein Laie bleiben – im Leben und im Sterben.

2. So halte dich nun endlich dessen wert, zu leben als ein Vollkommener und als Jünger der Weisheit. Alles, was du für das Beste erkannt hast, sei dir unverbrüchliches Gesetz. Und wenn dir etwas Beschwerliches, oder etwas Angenehmes, oder etwas Ruhmvolles, oder etwas Ruhmloses daherkommt, so erinnere dich, dass jetzt die Zeit des Kampfes ist, und die Olympischen Spiele schon da sind und sich nicht aufschieben lassen, und dass an einem einzigen Tag und durch eine einzige Handlung das bisher Gewonnene entweder verloren gehen, oder gesichert werden kann.

3. Sokrates ist dadurch vollkommen geworden, dass er in allem, was ihm vorkam, auf nichts anderes, als auf die Vernunft achtete. Du aber, wenn du auch noch kein Sokrates bist, solltest doch leben als einer, der wünscht, ein Sokrates zu sein.

Theorie und Praxis

(LII.1) Das erste und notwendigste Kapitel in der Philosophie ist das von der Anwendung der Lehrsätze im Leben, wie z.B. dass man nicht lügen soll. Erst das zweite ist das von den Beweisen, z.B. aus welchem Grunde man nicht lügen soll. Das dritte dient zur Begründung und Erklärung des vorigen, z.B. aus welchem Grunde dieses ein Beweis ist. Denn was ist ein Beweis? Was eine Folge? Was ein Widerspruch? Was ist wahr, was falsch?

2. Ist also nicht das dritte Kapitel notwendig wegen des zweiten, das zweite aber wegen des ersten? Das notwendigste aber, und das, bei welchem man verweilen sollte, ist das erste. Wir aber machen es umgekehrt; denn wir halten uns am dritten Kapitel auf und verwenden auf dieses allen Fleiß, um das erste aber kümmern wir uns ganz und gar nicht; und so kommt es, dass wir zwar lügen, aber wie man beweist, dass man nicht lügen soll, das ist uns ganz geläufig.

Die Summe der Weisheit

(LIII.) In allen Fällen müssen wir folgende Sätze in Bereitschaft halten:
1. So führe mich, oh Zeus, und göttliches Geschick,
   Wohin es mir von euch zu gehn verordnet ist.
   Ich will euch folgen ohne Zögern; wollt' ich's nicht,
   Wär' ich ein Feigling; aber folgen müsst' ich doch.
2. Und wer das Unvermeidliche mit Würde trägt,
   Der heißt ein Philosoph uns, ja ein Theolog.
3. Drum, Krito[19], wenn es den Göttern also beliebt, so mag's geschehen.
4. Anytus und Melitus[20] können mich zwar töten, aber mir schaden,
   – das können sie nicht.

– ENDE –

---

[19] *Kriton (ca. 465-395 v. Chr.) war ein Freund und Schüler des Sokrates. Er soll etliche philosophische Dialoge verfasst haben, die jedoch nicht erhalten sind.*

[20] *Anytus und Melitus: Gegner von Sokrates im Athener Senat*